· 张化桥 著 ·

一位投资人的阅读、思考与见闻

63本有用有趣好书的读书笔记

中国青年出版社

图书在版编目（CIP）数据

一位投资人的阅读、思考与见闻：63本有用有趣好书的读书笔记 / 张化桥著.
—北京：中国青年出版社，2023.10
ISBN 978-7-5153-7043-9

Ⅰ.①一… Ⅱ.①张… Ⅲ.①读书笔记－中国－现代 Ⅳ.①G792

中国国家版本馆 CIP 数据核字（2023）第173380号

一位投资人的阅读、思考与见闻：
63本有用有趣好书的读书笔记

作　　者：张化桥
责任编辑：肖　佳
美术编辑：佟雪莹
出　　版：中国青年出版社
发　　行：北京中青文文化传媒有限公司
电　　话：010-65511272 / 65516873
公司网址：www.cyb.com.cn
购书网址：zqwts.tmall.com
印　　刷：大厂回族自治县益利印刷有限公司
版　　次：2023年10月第1版
印　　次：2023年10月第1次印刷
开　　本：880mm × 1230mm　　1 / 32
字　　数：137千字
印　　张：6.25
书　　号：ISBN 978-7-5153-7043-9
定　　价：49.90元

Contents

目录

第二部分

关于企业

第三部分 关于经济与金融

第四部分 关于生活

必须读有用的书、有趣的书

书海茫茫，人生苦短，不挑剔不行。读书时如果不感到享受，那就是痛苦，那就不能持续。我曾买过一些书，但是读不下去，一直放在那里。

读书不是必要的。很多人很少读书，但是他们从人、事、物中学习，依然具有大智慧。

大多数中国成年人并不忙。很多人闲得发慌，但是我们并不读书。我们似乎在等着什么、寻求什么。这当然令人无法读书。

我的阅读习惯有以下几个特点：

1. 快读。我假定书是借的，明天就要归还。我必须跳跃阅读，抓重点。

2. 有选择性。绝不因为买了它，就必须读。每天重新选择：此刻最有趣的是什么、最重要的是什么。我每过一段时间就丢掉大量的书。相较而论，丢掉书更便宜，时间更贵。

3. 不轻易读名人推荐的书。有些名人为书做推荐，但其实并没有读过。

4. 避开艰深晦涩的书。我哪有那个闲工夫？书必须有趣，必须优美。

5. 我每读一本书，一定会写书评或者笔记。一是归纳和提炼书中精华，算是复习；二是能逼着自己快点读完，提高了效率。老是停留在第一、二章，怎么行？

商科和文史哲的书，我最喜欢读英文版原版，翻译版为其次。在英语世界，关于如何写一本非小说类的书，已经有相当成熟的模式。那就是一般的陈述（除了观点之外）都尽可能核实，引用资料要注明出处。绝大多数英文版原版书都相当翔实、内容丰富。这一点，我们中国的作者还需要花很长的时间学习。

本书收录的是我最近几年读的60余本好书的读书笔记，这些图书的类型主要是商业财经、金融投资。希望读者们喜欢。

Part 1

第一部分

关于投资

最好的两本投资书

Investing for Growth: How to Make Money by Only Buying the Best Companies in the World - An Anthology of Investment Writing, 2010-20

中文版书名：《成长股的投资之道：如何通过只买入最好的公司持续获利》

作者：特里·史密斯（Terry Smith）

Where the Money Is: Value Investing in the Digital Age

中文版书名：《科技股的价值投资法》

作者：亚当·席塞尔（Adam Seessel）

这是我读过的最好的两本投资书。可惜都是今年（2022年）才读到。我把读书笔记汇集在一起，供自己复习所用。声明：不一定对别人有用。

1 持续的高回报率。

特里·史密斯说，股票贵，不可怕。只要有高增长就行。可是怎样判断增长呢？增长一定要体现在很高的净资产回报率ROE上。如果没有高的ROE，那么增长就只能来自加杠杆，也就是加风险。

他还说，赌马的诀窍不在于预测哪匹马将会赢，而在于哪匹马以前已经赢过。押注它就行了。

2. 留存利润的再投资至关重要。

如果你1917年用5.3倍市盈率投资了标准普尔500，一直持有到1999年，整个板块的市盈率达到了顶峰34倍，那你的年化回报率将高达11.6%。当然每年的分红是进行再投资的。

可是在这11.6%里面，只有20%的回报是由于市盈率的提高，而80%来自留存利润的再投资所产生的回报。

结论：公司的派息率越低，也就是说，留存利润的比例越高，或者它的净资产回报率越高，留存利润的重要性也就越大。

这与债券投资和房地产投资是完全不同的。

3. 什么叫真正高质量的公司？

他投资的要求非常高。比如：

（1）过去十年他投资的公司的平均已动用资本回报率为29%。相比之下，标准普尔500的已动用资本回报率为17%（也很高）。

（2）公司的平均毛利率都在60%左右。

（3）公司的运营利润率在26%左右。

（4）这些公司的利润都是实在的现金利润，而不是会计上的花里胡哨的利润。

（5）他投资的公司的杠杆率平均都在40%以下。注意：这是净负债权益比（net debt to equity ratio），而不是我们通常说的总资产负债率。

（6）由于他投资的企业负债率很低，因此利息覆盖的倍数很高，高达17倍。也就是说公司的利润相当于财务费用的17倍。对于中国企业来讲，这个要求非常高。

他说，这样的高质量的公司，当然都比较贵，但是从长期来看，它们的股票回报率一定好过普通公司。

4. 投资者的纪律。

（1）一定要强调公司已经存活和成功了很多年。

（2）一定要公司的ROE很高，越高越好。起码20%。毛利率越高越好。

（3）避免周期性公司、金融和普通工业企业。

（4）一定要强调现金流。

（5）公司的负债率越低越好。

（6）护城河。

符合这样条件的公司当然非常少，但是你为什么要投资很多家企业呢？

5. 投资最好的公司，特别是最好的科技公司。

◆◇◆◇

《科技股的价值投资法》的作者与特里·史密斯（《成长股的投资之道》的作者）一样，都强调优中选优，而且是在全世界范围优中选优。如果本国股市找不到太好的公司，谁说只能投资本国股市？

此书作者认为现在是数字时代，巴菲特所代表的价值投资2.0版已经过时。原因在于他所说的护城河（比如消费品的品牌）正在被科技冲破，而且它们的城往往不值得捍卫。平台科技公司在增长潜力方面，远远胜过传统的消费品品牌，比如可口可乐、金宝汤等。

作者认为，最好的、前沿的科技公司看起来都很贵，但是，这是一个假象。如果你把它们的研发支出资本化，把它们所做的营销支出资本化，再考虑到它们的高增长率（它们正处于一个长周期的前期），那在你做了如上调整之后，就会发现它们并不贵。

他的投资可以归纳成三部曲。（1）这家公司现在必须在一个巨大的市场中占有较小的市场份额，而且正在高速成长，或者将高速成长。（2）把它的营销支出、研发支出进行调整，再进行未来三年的预测。（3）再研究它的管理者的水平和能力。股价是最后一项考虑的因素。最好不要超过三年后的20倍市盈率。

如果一定要投资非科技公司的话，那就要强调护城河，以及它们不会被科技公司所摧毁、替代、搬迁的可能性。

相比较而言，特里·史密斯和巴菲特一样还是属于价值投资2.0版本的。他强调精华中挑精华，每一项指标都必须达到尽善尽美。比如较高的毛利率、净利润率、现金流，以及杰出的管理者水平、公司的悠久历史，以及反复在长周期中胜出。这样的公司当然都有很宽的护城河以及很好的品牌。但是亚当·席塞尔认为，品牌不值得一提，他对传统悠久的公司有偏见。他特别强调科技水平、平台性质、护城河。他属于价值投资3.0版本的代表。而且，他认为，投资就应该集中投资。好公司本身就是少之又少的。找不到的话，宁可什么都不投。要投就集中火力。

他说，不能光看企业的利润，必须看潜在的利润，也就是说赚取利润的能力、潜能。

他们俩都强调，好公司必须有高利润、高现金流。不同的是，特里·史密斯强调公司被反复、长期证明是精华中之精华。亚当·席塞尔强调必须是高增长、平台科技公司。特里·史密斯投资的公司往往是老牌公司，可能没有高增长率，而亚当投资的公司一般是新型企业、高增长企业。

踩着舞步去上班

Tap Dancing to Work: Warren Buffett on Practically Everything

中文版书名：《跳着踢踏舞去上班：巴菲特的快乐投资与人生智慧》

作者：卡萝尔 · 卢米斯（Carol J. Loomis）

书中几个要点：

1. 巴菲特说，他每天踩着舞步去上班，因为他开心。他只跟他喜欢、尊敬和仰慕的人打交道。

2. 有人说："我很讨厌我现在的工作。我准备只干十年。然后，我就……"对此，巴菲特说："这种话就像等到老了再做爱一样奇怪。"

3. 巴菲特引用某人的话说，投资者的不幸都是由于他们不能安安静静地等待……

4. 巴菲特认为，企业向投行征求配股和并购的意见，投资者向经纪人征求股票买卖的建议，就像问理发师，"我应该理发了吗？"

5. 巴菲特认为，上市公司用自己本来就低估的股票作为对价收购别的企业，简直不可理喻。

6. 巴菲特认为，不要见上市公司管理层，见他们有害。你会被他们的忽悠所影响。我怎么发现中国石油这只股票的投资机会？潜心研读年报。

7. 巴菲特说，如果企业处境困难，不要指望能干的管理层扭转乾坤，只投资傻瓜也能管理的企业，因为迟早傻瓜会来管理企业的。

8. 巴菲特认为，资金最紧张的时候就是投资的最好时候。

9. 巴菲特认为，买便宜货你好像占了便宜，但是它的问题一个接着一个。如果你需要持有很长时间才能变现，你的持有成本就会要你的命。时间是好公司的朋友，烂公司的敌人。

10. 巴菲特发现了“机构通病”：(1)企业转向很困难。(2)只要企业账上还有钱，就有人想方设法把它花掉。(3)很多投资项目本来很愚蠢，但是企业总能找到支持项目的理由。(4)大家都爱学同行。

11. 巴菲特认为，投资的要诀是，买的东西好，价格合适。何时卖不重要，因为你本来就留足了空间。

12. 怎样发现好企业？巴菲特说，你碰到时就会知道。

13. 投资者一定要控制风险，不能把种子烧掉了。巴菲特秉持的信念是：“你只需要富一次。”

14. 巴菲特说，投资者不应该关注某个行业未来会怎样改变社会，怎样高速增长。重要的是，投资对象(企业)究竟有无持续的竞争优势。

15. 20世纪，道琼斯指数从66点涨到11497点。100年涨了174倍。但是，平均每年的复合增长率是多少？你猜猜吧。只有5.3%！现在投资者所期望的年回报率总是太高，结果当然只有失望。

躲开内卷，价值投资者找到了宁静和财富

The Education of a Value Investor: My Transformative Quest for Wealth, Wisdom, and Enlightenment

中文版书名：《与巴菲特共进午餐时，我顿悟到的5个真理：探寻财富、智慧与价值投资的转变之旅》

作者：盖伊·斯皮尔（Guy Spier）

这本自传书是关于一个基金经理的故事。他从牛津大学毕业后，又从哈佛大学获得了MBA。然后他加入了美国一家名声很臭的小投资银行D. H. 布莱尔（D. H. Blair），在那里工作了一年半。他没有做成什么像样的交易，但是手上沾了一些坏交易的污泥。这家小投行后来被监管部门勒令关闭。他也因为这段经历而找不到新工作，到处瞎混了一年多。他的犹太人爸爸突然叫他管100万美元的家族的钱，他这才获得了新生。他成立了基金管理公司，除了他父亲的钱以外，就是管理朋友的钱。在纽约，他混了几年，业绩表现可圈可点，但是天

天都希望有新钱进来。他自己始终处于一种渴求状态。渴求什么呢？渴求财富、渴求地位、渴求名声。看到很多基金大佬管理几十亿、几百亿美元，风头很劲，他感觉自惭形秽。在那内卷严峻的地方，他有喘不过气来的感觉。

他成功地躲开了2000年的互联网危机。可是2008年大危机，让他1亿多美元的资产跌了一半。幸好他守得云开见月明。后来有贵人指点，并且他跟贵人一起跟巴菲特吃了一顿慈善午餐。他似乎如梦方醒，把自己的基金公司人员遣散，全家搬到苏黎世，一个离华尔街十分遥远的地方，离经纪人、律师和各种中介机构非常遥远的地方。他寻求宁静、内在的平衡，力求真正提高自己生活的质量。

他完全模仿巴菲特的投资以及工作习惯，佛系做人。关于跟什么人打交道、如何帮助别人，并且寻求别人的帮助，如何看待财富，如何做真实的自己，而不是做给别人看，如何看淡别人对自己的看法，作者有非常多的论述。作者非常强调自己的工作环境，包括办公室。

关于价值投资，作者也有很多有趣的规则，比如：

第一条，不要看股价，尽量少看股价，少做交易。

第二条，如果别人推荐你买什么、卖什么，一定要忽视。永不买IPO。

第三条，拒绝见上市公司管理层，避开忽悠，因为很多管理层都是绝佳的销售员、忽悠专家。

第四条，多读公司的年报和公告，尽量不读或者少读投资银行的研究报告。

第五条，只跟自己完全信得过的人讨论投资的事情。

第六条，不要在市场开市的时候下单买卖股票。而是提前一天晚上告诉经纪人，用第二天的平均价格买卖。

第七条，如果持有的股票大跌，你一定要持有两年以上。

第八条，不在公开场合谈论自己的股票，否则自己想变卦的时候，就会觉得有被绑架的难处。

此书很值得一读。关键的是寻求心理平衡与宁静；忽略外界，忽略别人对自己的看法；多阅读好书和好的信息来源。

《商界局外人》令人震撼

The Outsiders: Eight Unconventional CEOs and Their Radically Rational Blueprint for Success

中文版书名：《商界局外人：巴菲特尤为看重的八项企业家特质》

作者：威廉·桑代克（William N. Thorndike）

这些年，我读过很多书。回头看，真正令人震撼的好书其实是不多的。这一本《商界局外人》是其中之一。我写了书评以后，被收入到这本书的中文译本做了序言。我建议大家看一看。

上周（2014年），我到伦敦的GIM基金公司餐叙，获赠一本有趣的书：《商界局外人》。

此书简单易读。它讲了8家美国上市公司在过去四五十年持续为股东创造超高回报率的故事。这8家公司有几个共同点：

1. 长期地、大量地回购自己的股票。比如，Teledyne，在1972到1984年间，从公开市场回购了自己公司的90%的股票！《华盛顿邮报》公司光在2009至2011年间，就通过回购把股数缩减了20%。食品公司Ralston回购了60%的股份。它的CEO说，投资于自己是把握最大的投资。其实，任何并购和资本支出都必须跟回购股票的收益相比较。这是一道最低的门槛。减少股份，可以增加ROE，提高资金使用效率，也可以增加每股收益和含金量。现金太多，就容易浪费，容易投资愚蠢的项目。

过去5年，石油公司ExxonMobil回购了25%的总股数。另外，思科、苹果、IBM和甲骨文这4家公司光在过去12个月，就一共回购了900亿美元的股票。

大幅度分红当然好，但由于分红需要交两道税（公司层面、股东层面），因此，回购股票（不涉及税收）是最好的回馈股东的办法。可以一边回购股票，一边借款扩张。

2. 只要价格合适，管理层随时乐意把主营业务卖掉，做减法。在中国，把主营业务卖掉会涉及一些额外的问题：管理层干什么去了；第二套账目（或者第三套账目）的问题；历史上的黑洞问题；权力问题；人事安排问题；面子问题。

3. 另外，这8家美国公司随时准备并购别家公司。有线电视公司TCI在1973至1989年间，做了482项并购，基本上每两周并购1家企业。当然，要买，就必须有人愿意卖才行。有些中国人认为只有“撑不下去了，才卖”，所以，想买的人也就买不成。

4. 不到万一，这些美国企业不愿意增发新股。它们几十年下来，股数要么大减，要么不变。General Cinema公司的CEO迪克·史密斯（Dick Smith）觉得增发新股的痛苦，就像挖他的祖坟一样。在他的任期，他回购了公司33%的股份。企业回购股票有时是在市场内买，有时是拍卖式定额回购。比如，公司现在准备回购8亿美元股票，价低者得，回购完为止。过一段时间，现金多了，再重复。

TCI在CEO马龙（Malone）的任期内，回购了40%的总股份。他强调节省开支。该公司在美国各地的有线电视业务全部使用落后的（或者成熟的）技术：让先驱们去发明、开拓和证明。先驱们的背脊经常插着箭，他们往往被乱箭射死。

这让我想到巴菲特的一句话。他曾说，去太空旅游当然是激动人心啦。不过，我很乐意把这份激动让给他人。

张磊的《价值》的价值

《价值：我对投资的思考》

作者：张磊

在家里隔离，我花了两天时间读完了张磊的这本书，很是亲切、有趣，有点像自传附带投资的随笔。书里有他个人的故事（驻马店、五矿、耶鲁大学、高瓴），以及他对医药、消费品、互联网和长期投资的想法。

2006年，我刚去深圳控股（00604. HK）做首席运营官。股价涨得很多。某日，他到九龙办公室找我：怎么不干分析师了，到一个国企？他本人也在国企工作过，明显地对国企的效率有意见。我们聊完之后，我跟他兜售股票："来半斤吧？"

他笑而不语，有顾虑。2012年（也许2013年），我又跟他兜售一家国有企业——上海联华超市。我建议他干脆把联华全部收购下来，加以改造。它的2000多个超市加上便利店，应该比那么一点市值值钱多了。我们绕着浅水湾走了一大圈。他觉得这个主意不错，可是怎么下手呢？后来我做了一些调研，发现上海市政府是不肯放手的。

于是后来有了永辉超市的入驻，做二股东。然后阿里巴巴“换防”。结果到现在，公司还是没有太大起色。看样子，张磊坚持要有足够的影响力，是正确的。

他的这本书，有很多抽象的东西，比如怎样看公司，特别是从战略上和方向上看公司，而不是分析短期、中期的利润，不是分析短期、中期的估值。他是一个非常重视宏观问题的人。

2012年底，我加入高瓴的滑雪队去了张家口的万隆。一次晚饭和饭后的喝茶，大家都一直在聊货币政策，以及印钞票对中国经济的巨大影响。我当时认为，他会大手笔投资房地产，但是到今天为止他好像也没有。此书474页竟然完全不涉及宏观经济学、利率、汇率、矿产、能源、基础设施、工业，足以说明他的投资偏好。人文的内容占此书一半以上。

这本书如果说有什么缺点的话，第一个缺点就是作者留了一手。他在投资前的心理活动、犹豫的地方、挣扎的地方，完全没有涉及。我相信他投了这么多项目，一定有过很多自己跟自己打架的事情。美国黑石集团的创始人苏世民（Stephen Schwarzman）在书中就讲了很多案例。

这本书的第二个缺点是故事性不够强，因为有不少经过高度精炼后的抽象内容，比如理念、格局、长远规划等。这些内容不能看一遍就算了，需要琢磨，所以我以后还会把它拿出来再翻一翻。比如，怎样判断消费品企业、医药企业或者互联网企业，怎样看企业家。这有点像游泳教练教你游泳一样，左胳膊先挥出去，然后右胳膊，然后换气等。如果你不实践、不领悟，就没办法学会。

据我的观察，张磊成功的原因之一是他的性格。认识他的人都知道他很大气，广交朋友，乐意说出自己的想法，看重宏观的事情。我说的宏观不是宏观经济学，而是他重视与人的关系，判断人、判断行业和长期走势，而不是销售额、利润率。

这本书更像是桥水基金的瑞·达利欧的那本《原则》，而不像苏世民的《苏世民：我的经验与教训》。跟国内企业家的书相比，如果说周航的《重新理解创业》是创业者必读的烹调书，张磊的《价值》是所有投资者的理论必修课程，只是前者写得更加紧凑。

给金融科技的警告

When Genius Failed: The Rise and Fall of Long-Term Capital Management

中文版书名：《赌金者：长期资本管理公司的升腾与陨落》

作者：罗杰 · 洛温斯坦（Roger Lowenstein）

投资银行的证券交易员有两种：一是传统派，靠的是感觉、经验和对股票、债券、外汇等产品的认识；二是新派，强调大数据、数学模型。

20世纪90年代初，美国老牌投资银行所罗门兄弟（Salomon Brothers，后来成了花旗集团的一部分）一群有点名气的债券交易员自立门户，和两位大学教授、诺贝尔经济学奖获得者罗伯特·默顿（Robert Merton）及迈伦·斯科尔斯（Myron Scholes），以及美国联邦储备委员会副主席大卫·穆林斯（David Mullins）等组建了一个对冲基金，叫长期资本管理，融资数十亿美元。

前几年，它的回报率超好。它的策略和产品很多，尽管有些神秘，大体如下：

1. 在两家上市公司公布了并购方案，但是并购的完成尚需股东大会和监管部门批准，以及进行尽职调查等几周甚至几个月的不确定期间，重仓买入，比如，A公司公布将收购B公司，收购价格为每股10元，那么B公司的股价会立即从8元涨到9.5元，但不是10元。这0.5元的差价就值得一赌。当然，如果这项并购最终失败，B公司的股价很可能会跌回到8元，可谓刀尖上舔血，书中的原话是“推土机面前捡硬币”（You're picking up nickels in front of bulldozers）。

2. 两个相关公司的股价长期有20%左右的差距，然而最近的差距变成了35%，那么就很有可能回归、收窄，于是值得一赌。比如，荷兰皇家石油公司（Royal Dutch Petroleum）和英国的壳牌运输（Shell Transport），这两个股东公司的股价一般有8%的差距：前者高于后者8%，原因谁也不知道，如果这个差距突然变得很大或者很小，那就有套利的机会。（有没有人赌中国的A和H股差价收窄？）

3. 历史上，企业债与国债的收益率有一个相对稳定的差距。如果这个差距突然变得很大或者很小，那就可以买入，等待收益率回归。

4. 汇率、股票和债券的反常现象也提供了交易机会。

5. 长期利率与短期利率的相关关系也给了套利者机会，手段包括债券和掉期。

6. 股票指数的波幅也是一个主要的交易标的。

由于每个产品的单次交易获利很薄，因而，长期资本管理（和所有投资银行）都必须依赖杠杆才能赚大钱。当然，杠杆是个双刃剑。

如果你看错了方向，或者运气不好（这两者其实是一回事），杠杆就会把你的损失放大。很多对冲基金和投资银行的杠杆是20倍甚至40倍，但是，这还不算，衍生产品不进入资产负债表。如果考虑到衍生品，这些机构的杠杆可能是百倍或者几百倍。这也是为什么巴菲特把衍生产品叫作核武器、大杀伤力武器。

这让我想起中国的银行业，本来就有12至15倍的杠杆，考虑到它们的巨额理财产品，特别是坏账的拨备不足，它们的杠杆也是危险之至，我猜有30至50倍。好在中国的衍生品不多，但未来某一天，衍生品会不会成为中国的一剂毒药？联邦储备委员会主席艾伦·格林斯潘（Alan Greenspan）在任19年，几乎被认为是神，但是他的许多错误之一就是对衍生产品的放任自流。

1998年底，长期资本管理的净资产少于30亿美元，但是，总资产为1000亿美元，而6万多个衍生工具的名义价值为1万亿美元。美联储无权监管对冲基金，可是对冲基金的大量资金来源于受监管的银行，而且对冲基金的活动影响到整个市场。

因为长期资本管理的自有资金的规模本来就大，加上名气大，各家银行也愿意借钱给它，再加上这些交易员胆大包天，所以，在1997至1998年间，它的活动开始影响到市场价格了，因为很多金融产品（特别是衍生产品，包括股票的波幅）本身就只有一个小众市场，或者只能在五六个大银行之间交易。俄罗斯在1998年的主权债务违约以及世界性的熊市给全世界金融机构带来了巨大损失，长期资本管理很快就倒闭了，它原先设计的互相对冲的金融产品失去了互相对冲的功能，都往下跌。比如，两只股票本来负相关，结果突然失去了被历史证明过的负相关性，往同一个方向走。在危机时刻，金融资产的价格失去了规律，甚至连交易都停止了。在破产之后，长期资本管理的几个合伙人真可谓“鸭子死了嘴还硬”。他们诡辩，他们的策略没有问题，高杠杆也不是问题，而问题在于其他的市场参与者太不理性！他们还怪流动性的突然消失：“我们本来应该赚大钱的，就怪那个……”

量化交易以及中国的金融科技行业有一个共同点：依赖大数据、历史资料和历史相关性。但是，这个方法有一些致命的弱点：一是资料的质量问题，二是规律可以随时被打破。这并不需要什么百年不遇的事件。其实，长期资本管理在1999年倒闭并被20多家银行组成的联合体接管之后，它的交易策略在两年内又遇到了一次挫败。更好笑的是，后来，那些知名的交易员卷土重来，两次成立了新的基金，但都以失败告终。

价值回归是个美丽的传说，但现实是，贵的可以更贵，便宜的可以更便宜。我在拙作《一个证券分析师的醒悟》中反复强调了这一点。

而且，即使价值最终回归，你等得起吗？正如一句俏皮话所言，你可以预测价格，也可以预测时间，但不要对两者同时进行预测。

在外国投资银行，交易员们为机构赚很多钱，自己也分很多奖金。他们嗓门儿大，脏话多，地位高。可是谁也没有计算，这种自营业务究竟占用和消耗了多少资本金，而且他们的胡作非为随时置整个银行于死地，甚至拖垮金融体系。过去一百多年来，欧美就是这样走过来的。中国的金融机构也面临这样的风险。

1992至1993年，所罗门兄弟出现危机后，巴菲特被迫接管。债券交易部在所罗门兄弟内几乎为所欲为，甚至要求公司把受到过监管部门——美国证券交易委员会处罚，并已经引咎辞职的前主管约翰·梅里韦瑟（John Meriwether）请回来当整个银行的联席CEO，被巴菲特断然拒绝。这些交易员们集体出走，成立了长期资本管理公司。我本人就职11年的瑞士银行就是长期资本管理的最大股东。而且在2007至2008年，瑞士银行本身就因为债券部门巨亏550亿美元而差点倒闭。

这本书出版于2000年，当时我仔细读过，但是很多细节我忘了。

我读了第二遍后，依然觉得新鲜和惊心动魄。它的语言优美，不愧为一本好的英语教材。

“鳄王”的成功原则

Principles: Life and Work

中文版书名：《原则》

作者：瑞·达利欧（Ray Dalio）

关于这本名著，很多人写过评论和心得。作者是有“鳄王”之称的桥水（Bridgewater）创始人达利欧。他大学毕业后在证券公司的大宗商品交易部门工作过，后来创业也是在这个领域，他很快拓宽投资领域，获得了巨大成功，桥水成为全球最大对冲基金。我读完此书后，只有一个强烈的感受：他的成功得益于投资和企业管理的精细化。

达利欧在投资时一定要基于大量的统计资料和建模，这是他区别于绝大多数投资者的关键。他绝对不玩概念，不接受“货币贬值了，有利于出口”“降准降息有利于股市”“干旱会推高大豆的价格”这一类有害言论。他关心的是0.32%，还是0.33%；是5周以后，还是68天以后。他对价格信号的整个传递过程以及具体时间和维度十分讲究。他强调精准。

这也延伸到他的企业管理。他招聘员工时，要反复面试每一个人。他还专门学习心理学，引进了一套打分方法及测试方法。在企业预算、内部控制方面，他绝对不是脚踩西瓜皮，滑到哪里是哪里的人。很多人会批评他事无巨细，一杆子插到底，也有人会说他的方法太烦琐，太令人疲劳，但是他不相信拍脑袋，即单靠主观想象、凭经验，更不是甩手掌柜，只懂对人指手划脚。他强调精细化、资料化、系统化，及反复测试。

在投资方面，他与巴菲特的区别在于，他是一个精准狂和数学模型狂，而巴菲特基本不用计算机，完全凭广泛阅读、深入理解和长期持有。巴菲特比达利欧年长19岁，巴菲特的高回报率主要是前面30年。而最近20年，还是达利欧的回报率更加惊人。当然，资金量越大，越难有高回报。

在企业管理方面，巴菲特是甩手掌柜：投资那些贵得不太厉害的好企业，不参与管理。而达利欧坚持精细化管理和军事化的纪律。

疯狂储蓄、买指数基金

The Psychology of Money: Timeless Lessons on Wealth, Greed, and Happiness

中文版书名：《金钱心理学：财富、人性和幸福的永恒真相》

作者：摩根·豪泽尔（Morgan Housel）

这是一本有趣的小书，两天就读完了。作者讲了家庭财务管理方面的若干问题。现在他是一个基金经理，曾经担任《华尔街日报》的专栏作者。他和妻子都是疯狂的储蓄者。虽然收入不高，但是他们总是有用不完的钱，因为他们把生活标准一直固定在大学刚毕业时候的水平。其余的钱全部用来投资。投资为了什么呢？他强调，投资不只是为了一个具体的目标，比如买一辆车，买房子或者小孩教育等，而是为了储蓄而储蓄，为了不测风云而储蓄。

关于储蓄，他讲了很多有趣的故事。包括一个保洁员罗纳德·里德（Ronald Read）在死的时候，竟然有800万美元的资产，全部来自高比例的储蓄和谨慎的投资（年复一年滚雪球）。

他认为勤俭节约不仅能做到，而且让人相当有满足感。关于投资指数基金，他有一个不同的角度。他说世界上80%多的基金经理跑输指数基金，而他自认为没有能力跑赢指数。他说："我无法跑赢指数，这我可以接受，但是我无法接受自己是一个失败的投资者，于是我干脆买指数基金。"

关于投资，他强调，第一，不要冒进，不能有杠杆。第二，一定要有长远的眼光。他讲巴菲特之所以成功，除了选股厉害之外，更重要的就是守得住，而且时间非常长。这本书关于投资没有讲多少技巧和新意。最重要的是讲稳健、中庸之道、不贪心、幸福感和财务自由。

作者也强调允许自己犯错误，要十分谦虚，未来根本不可预测等。他说，绝大多数人的预测都是错的。可是为什么大家年复一年，听所谓的专家预测呢？就是因为我们心中有一块痒需要人抓一抓。

今天，一个深圳朋友打电话给我。他说他持有的港股和中概股跌得惨不忍睹了，他想清仓之后保留现金。我反问，你为什么不加仓呢？他说，加仓也许是理性的，可是你看国际环境、宏观经济、企业的状况和消费者的心态！我问他，你不是说要长期投资吗？

也许他应该静下心来读这本书。

一个基金经理的10.5个教训

10½ Lessons from Experience: Perspectives on Fund Management

直译书名：《来自经验的10.5条教训：关于基金管理的观点》

作者：保罗 · 马歇尔（Paul Marshall）

这是一个知名的对冲基金创始人保罗·马歇尔对自己30年职业生涯的总结。他和朋友伊安·维斯（Ian Wace）创办的Marshall Wace为伦敦大型对冲基金，管理逾550亿美元的资产。

书里总结了10.5个教训。

第一，股市是无效的。也就是说，你可以通过认真研究，小心谨慎，获取超额回报。而2013年诺贝尔经济学奖得主、芝加哥大学教授尤金·法玛（Eugene Fama）有一个著名的理论，认为资本市场把所有信息都已经反映在股价上了，因此你想获得超额回报是徒劳的。作者讽刺经济学家们：两个经济学家在路上走，看见一张百元钞票在地上。其中一个经济学家说："别犯傻了！这种事情是不可能发生的。如果有百元钞票，肯定早就被人捡走了！"

散户参与率越高，市场效率越低，股价越容易偏离基本面很远。

作者认为，每天的股价是相互不独立的事件，也就是说，明天的股价是受今天股价影响的。这也是为什么有些公司的生意模式完全失败了，或者基本面完全变了，在股价大跌之后还容易朝原来的高位爬行，也就是说，股价是有记忆的。国际大鳄乔治·索罗斯（George Soros）有一个基本的理论说，基本面决定股价，可是股价也可以决定基本面，而且我们每个人都是市场的参与者，我们在看股价，股价也在看我们。

美国股市之所以相对比较有效率，是因为野蛮人可以控制公司，并且重组、清算。当然，作者只是解释了一个方面，可是他就不明白，中国股市可以连续昂贵几十年，这究竟是怎么回事呢？用作者的话来讲，也许几十年还不够长，也许北京证券交易所的成立能够解决这个问题？

第二，市场参与者并非都是理性的。除了信息欠缺以外，人的愚蠢是无法衡量的。我们容易被恐惧和贪婪蒙住双眼，过度的借贷也增加了爆仓的可能、提供超额利润的机会。人还容易产生羊群心理、信心爆棚、赌徒心理、先入为主，这都是很正常的现象。不管是买基金还是买股票，大家总是容易犯一个这样的错误：剪掉鲜花，保留杂草。

第三，有的人就是比另外的人更会从股市捞钱。世界上确实有经验和技巧这么一说，不过作者说，彼得·林奇（Peter Lynch）占的便宜是那些年正好经济腾飞，中小股票暴涨；而巴菲特占的便宜是白用保险公司的钱，而且加杠杆、加衍生工具。巴菲特把衍生工具说成是“大杀伤力武器”。但是他自己就是用衍生工具的高手，他只是认为他应该用，你不应该用而已。

第四，投资分为长期和短期。短期靠故事，是互相博弈，看别人喜欢什么。长期就得注意基本面，挑好公司。

第五，股市是一个爱听故事的地方。但是你要在故事还朦朦胧胧的时候进去。等到上电视的时候，这个故事就没趣了。

第六，风险分散当然很重要，但是个人最好把重仓控制在十个以下。

第七，不要随便做空一只股票。做空太难了。

第八，充分利用大数据和机器学习。

第九，世界上有太多我们不知道的东西。好公司也可以大跌。所以，风险控制非常重要。

第十，基金越大，越难管，回报率越成问题。

最后一点是半个看法——大多数基金经理的职业生涯一定是以失败告终，就跟政客一样。

高增长决定一切

Finding the Next Starbucks: How to Identify and Invest in the Hot Stocks of Tomorrow

中文版书名：《下一只大牛股》

作者：迈克尔·莫（Michael Moe）

我曾对自己的投资组合进行了评估，不免额头冒汗：怎么有这么多不健全的公司的股票呢？

我不禁从书架上取出十多年前出版的这本英文书。我早就读过，但是显然没有仿效。我很快又读了一遍。此书评算是敦促自己：宁可死在高增长的泡沫中，也不要死在日薄西山的老企业的温柔乡！

此书讲的道理再简单不过了。创新企业一般都意味着高速增长，而复合增长是很可怕的一个东西：一不小心，它就让你致富。作者分析了美国大量的高增长的企业的窍门。虽然不能一概而论，但是它们大都在科技、消费品、医药和互联网行业。而且，它们往往是轻资产型，因此是低负债型企业。

作者也承认，创新企业当然意味着高风险，但是高回报率足以覆盖高风险。另外，有高增长率的公司一般都很贵，但是过几年就会显得超级便宜，所以它们的股价还会更贵。

如果你发现你投错了，怎么办？不要恋战。天底下高增长的公司不少。这一点也跟巴菲特的立场吻合。巴菲特说，如果你发现自己在一艘长期漏水的船上，把精力花在更换船只上可能比修补漏洞更有成效。

看来，投资创新企业和高增长的企业，首先是个态度问题。

韩国第一银行起死回生的故事

Money Games

中文版书名：《金钱博弈》

作者：单伟建

1997年，金融危机在韩国、泰国和印尼爆发。原因是共同的。（1）政治腐败。（2）央行长期印制钞票刺激经济，导致了持续的通胀。而政府操纵的固定汇率与现实脱节。汇率高估鼓励了企业借外债。而本国的有钱人大搞“海外资产配置”。（3）企业负债率太高。美国企业平均的资本负债率在70%左右，而韩国高达300%，其中最大的30家财阀的平均杠杆率高达500%。金融危机爆发时，它们不堪一击。到2018年底，韩国最大的30家财阀中，有14家破产了。

为了让韩国偿还外债，国际货币基金组织（IMF）为韩国提供了一个580亿美元的救助。但是有很多条件，其中之一就是韩国必须把两家已经被政府接管的银行（首尔银行、韩国第一银行）中的其中至少一家卖给外国投资者。

此书讲述作者带领团队和若干中介机构跟韩国银监会谈判，以及后来帮韩国第一银行（后面简称“第一银行”）打翻身仗，五年后卖给渣打银行的全过程。

新桥资本与韩国银监会只花了三个多月的时间就达成了意向。但是由于竞争者的加入、谈判人员的更换、政治气氛的变化、经济的复苏，以及民族情绪作梗，双方又花了一年多才完成交易。最终的交易是新桥资本控制第一银行51%的股权和100%的管理权，政府保留49%的股权和5%的认股权证。

董事会很快就发现新的CEO和首席信贷官越权增加了对半导体公司海力士（Hynix）的信贷额度。韩国人有一个下级无条件服从上级的文化习惯。马尔科姆·格拉德威尔在《异类：不一样的成功启示录》（*Outliers: The Story of Success*）这本书里讲过一个故事，1997年大韩航空公司的飞机撞在关岛的山上。副驾驶员明知有问题，也不指出。由此我想到，我国国企在过去20年做海外并购时，只要上级领导想干，或者定了调子，一众中高管绝不表示异议，导致海外并购几乎全军覆没，特别是在大宗商品和能源行业。

2003年，韩国爆发了信用卡行业危机。而前几年，第一银行正好在大力发展消费信贷和住房按揭业务。在信用卡业务中，第一银行曾经批发贷款给信用卡公司，比如LG信用卡。当每个成人都有三到五张信用卡的时候，第一银行就很快降低了风险敞口。在危机爆发的时候，它给信用卡公司的贷款竟然是零。但这不只是运气好。它还躲过了SK集团的灾难等。董事会坚持，宁可失去客户，也不要冒险。

此书描述了万千细节。比如，跟韩国银监会谈判的《投资条款书》的反复修改，银行管理的各个领域以及五年后汇丰银行和渣打银行的并购争夺战。

这本书穿插了不少关于历史、社会和家庭的内容。作者没有以文学为生，是文学界的一大损失。书中有很多巧妙的比喻。韩国银监会的代表说话不算数，像泥鳅一样抓不住，让他们确认一件事情，就像把水钉在墙上一样难。又比如，银监会一度坚持，在银行被卖掉之后，自己派人来管理。这就像汽车经销商把汽车卖给你之后，坚持自己来开。作为一个骄傲的民族，韩国人被迫"贱卖"国宝，所产生的民族情绪跃然于纸上。书中也详细描述了跟工会、存款保险公司、财政部、议员、青瓦台和海内外媒体的较量。

作为一个贪婪的读者，我有两个抱怨。第一，作者没有讲韩国的银行业整顿之后为什么没有出现信贷失控。而中国1999—2000年对银行业（四大资产管理公司）进行了整顿之后，信贷失控，通胀肆虐（特别是资产价格膨胀）。有学者曾经分析过这个反差，但我还是不明白。

我的第二个抱怨就是，作者说他几乎每天早上跑步。这给我带来了一定的心理负担。

此书写得非常紧凑，一环扣一环，不断冒出你想不到的问题，有侦探小说的味道。我今天早上五点多钟就起来读，因为昨天有一件事，我想知道结果：渣打银行收购第一银行，手上现金不够，需要做一个新股发行。可是在几天之内，做一个20亿美元的新股发行，为了确保万无一失，就需要它的投资银行（这次是我的老东家，瑞士银行）做一个硬包销。我关心的是瑞士银行怎样为渣打银行做了一个硬包销。我在瑞士银行工作多年，知道它非常抗拒硬包销。

新桥和韩国政府投资了9亿美元，5年以后卖了33亿美元。主要有3个原因：韩国经济复苏；韩元升值；管理大为改善。

美国垃圾债券的疯狂

Den of Thieves

中文版书名：《贼巢：美国金融史上最大内幕交易网的猖狂和覆灭》

作者：詹姆斯 · B. 斯图尔特（James B. Stewart）

20世纪80年代前，美国的债券市场基本上只服务大企业，但是一个中型投行德崇证券（Drexel Burnham Lambert）不服气，它在远离纽约的西岸开立“高息债券部”，专门为评级低的企业发债融资，有如飓风一样席卷了全美国。核心人物迈克尔·米尔肯（Michael Milken）及其团队疯狂工作，黑白各道齐上，获利极丰。米尔肯在高峰的1988年公开的奖金就高达5亿多美元（注意：不是现在的美元）。他的百人团队，多则每年几千万美元奖金，少则每人几百万。此外，团队还秘密成立了员工合伙企业，大做内幕交易。而且，很多员工也单独做内幕交易。

他们的模式如下：

首先，他们说服企业客户通过他们发行债券，如果说服的过程不顺利，那就贿赂。

其次，他们大胆贿赂基金经理、企业客户和私人客户，诱惑他们购买垃圾债券。在交易方面，鼓励他们多用德崇证券的平台。每年底，他们还游说客户非法逃税，比如，他们用低价买入客户持有的债券，让客户形成账面亏损，减少税赋，过了结算期后，他们再用类似的价格把债券卖回给客户。

他们为很小的公司提供大笔债券融资，做大型的杠杆收购。由于多数美国上市公司并没有控股股东，股权分散，因此，蛇吞象的并购经常发生。

随着市场影响力的飙升，米尔肯和他的团队成了市场的偶像。到后来，只要一个小企业获得了德崇证券的承诺，就可以找一家大公司，说“你投降吧。我要吞并你！钱从何来？德崇证券给了我一封信，他们会帮我发债融资”。

这股浪潮直接推高了股市。股市上谣言漫天，CEO们心惊胆战，不知道何方神圣何时会敲门：你下岗吧！

那时，内幕交易十分猖狂。大家觉得，江湖上要够义气，怎能不互通信息呢？很多人在审判台上都不认为自己做了什么错事：每个人都这么干的嘛！

在犯罪猖獗的1986年，美国证券交易委员会和司法部开始调查。

但是，在不能刑讯逼供的情况下，如果被调查的人拒不交代，政府亦毫无办法。况且，利益共同体下的攻守同盟、瑞士的银行保密制度，及拿骚（Nassau）、巴拿马（Panama）和英属维尔京群岛（BVI）等地的法律，一直困扰着政府调查组。

在错综复杂的内幕交易网络中，律师、投行、基金和大亨们组成的各种同盟使得政府非常狼狈。整个调查费时三年多，德崇证券和它的雇主聘请了星级的公关和律师团队，每个月的经费高达500万美元，长达几年！当然，政府对于媒体和舆论导向完全没有控制（甚至毫无影响力），在米尔肯的庞大的公关机器面前，政府显得有些被动。在意识形态上，一大批美国人本身就是反政府、反既得利益的，他们认为米尔肯是撼动现有经济秩序的猛虎。在审判米尔肯的法庭上，他有几百个支持者，在法庭外，人数更多。在主要的报纸上，他的支持者们（企业和个人）刊登整版广告和文章歌颂米尔肯。

在美国，嫌疑人可以跟当局做各种谈判和交易。当局的调查组需要像侦探一样，寻找证据，很多场面惊心动魄！

书中，另外两家投行，基德-皮博迪（Kidder Peabody）的悔改和跟政府的配合，与高盛的自营部主管罗伯特·弗里曼（Robert Freeman）的死不认罪，以及高盛的拒不合作，形成鲜明的对比。

作为“垃圾债券大王”，米尔肯有钱、任性。他死不认罪，并且销毁证据，逼迫下属拒绝跟政府合作。

米尔肯的超级公关机器把垃圾债券说成是美国的救星、创造就业的法宝、经济新秩序的引擎，把米尔肯说成天才和“国宝”，就有违事实了。

时间是检验真理的唯一标准。等尘埃落定时，大家发现，20世纪80年代大量的垃圾债券违约了，发行者倒闭了，“蛇吞象”之后两败俱伤，高价收购来的企业难以整合，高利率也让发行者很快陷入困境：归还债务无门，只好发行新债。

那10年，垃圾债券基金的平均累计回报率为145%，大大低于股票基金的回报率（207%），也低于优质债券基金的回报率（202%）。

经济学里面有个“囚徒困境”：如果我告发同盟者，我得到A，失去B；如果我不告发他，而他告发我，我失去C。这本书，充满了内幕交易者们这样或那样的计算。

那10年，股市的疯狂、垃圾债券的繁荣和并购热潮毁掉了无数老百姓的生活，即使犯罪分子的家庭也受到了巨大的冲击。那些不眠之夜、断送了的前程、妻儿的眼泪、贪婪与道德的角逐，在读者面前一一展现；还有办公室里的政治、侥幸和私情，环环相扣。

投资精英的书也会让人失望

Mastering the Market Cycle: Getting the Odds on Your Side

中文版书名：《周期》

作者：霍华德·马克斯（Howard Marks）

马克斯是一个很成功的投资者。此书由巴菲特等人联袂推荐。我立刻买来读完了。书中有两大精彩，但是总体上我相当失望。

精彩之一，他认为投资者必须深刻理解和把握市场的周期，提高赚钱的概率。原因是经济、信贷和人心都有周期。投资应该顺势而为，而不是逆水行舟。在这一点上，他弥补了巴菲特的长期持有的理论。买入并持有理论听起来美好，但在任何地方都是有问题的。今天我跟伦敦来访的一个基金经理吃早餐，他也认同我的一个观点，中国几乎所有的行业都是周期性的，虽然咱们的统计数据歪曲和掩盖了周期性。因此，中国的投资者需要更加警惕长、短周期的变化。

精彩之二，作者虽然在书中运用了很多经济学理论和常识，但是他对这门伪科学的讽刺非常到位，"令人郁闷的科学"（it is a dismal science）。书中有幅漫画，某人在看电视，主持人讲，“今天，减息的消息推高了股市，但是由此而来的通胀预期又把股市打下去了。然后，大家又觉得低利率终将刺激疲软的经济，股市又开始反弹，直到收盘时，大家又觉得如果经济过热的话，央行又会重新加息。于是股市又跌回去了。”

另一幅漫画是一个人坐在电视机前，播音员说：“昨天股市的利好，在今天都变成了利空。”

我的失望之处是，此书拖泥带水，没有新意，似乎是写给门外汉的。它反复讲一些大实话。如果把此书压缩成三五页纸，那就太好了！

他的第一本书，《投资最重要的事》听说挺受欢迎，但是很遗憾，我读的是中译本，翻译得挺不流畅，我也没有学到什么。也许不少精髓在翻译的过程中丧失了？

华尔街的风光与糜烂

The Buy Side: A Wall Street Trader's Tale of Spectacular Excess

中文版书名：《痛与爱的交易生涯：我在对冲基金的5840天》

作者：特尼·达夫（Turney Duff）

两年前，我就买了这本英文书，最近我才读。这本书文笔轻松，故事中有几个人我还见过。作者特尼·达夫在三家对冲基金当过十多年交易员。办公室里，当然有政治、欺凌、踩红线、贪欲等，这并不新鲜。大家每天早上6点左右就到办公室，我很多投行同事和客户都是如此。我本人虽然没有那样做过（那时我一般7点多到办公室），但晚上还有应酬，一场接着一场。今天懒散的我不敢想那个生活方式了。他们几百万美元的年终奖金，大家已经熟悉了。但是，他们很多人并没有积蓄，或者没有像样的积蓄。作者坦白，他就是月光族。怎么会呢？太简单了！税收拿掉几乎一半，每天吃好的、开跑车、喝点好酒、旅游、炒股票再亏一些钱，就没多少了。他失业时，房子就被银行收掉了，因为他的贷款断供了。

2009年初《华尔街日报》有篇文章，讲述国会议员们逼着华尔街的中高管们减薪、减奖金，令华尔街一众精英嚎叫，“年薪少于50万美元，在纽约根本没法活下去！”该报竟然登出详细的计算，说明50万美元“确实很紧张”。

可是，大众怎么办？作者是基金公司的交易员，叫“买方”，中国叫“甲方”。当然，乙方（投行）捧着你、吃喝签单无极限、旅游、去花样舞会等等。夸张点说，可谓“天天过年，夜夜新婚”。作者的女儿出生第二天，他收到的礼品、贺信多到他简直不敢相信！跟其他很多行业一样，华尔街也是个名利场，只是因为钱多任性，所以更加夸张一点。由于长期吸毒过量，作者不得不两次辞职去“疗养院”。最终，他同居的女友跟他分手，女儿被判为“共同抚养”。他搬到长岛一个窄小的一居室，每天打电话兜售某家杂志，一年赚三万美元。他说，把经历写出来，感觉舒畅，犹如在肮脏的地方待久了，畅快地洗了个澡一样。他经常问，控制自己的毒瘾为什么这么难？此书的价值在于，它让人看到名利场的热闹和孤独。

Part 2

第二部分

关于企业

科技巨头的商业秘密

The Four: The Hidden DNA of Amazon, Apple, Facebook, and Google

中文版书名:《互联网四大》

作者:斯科特 · 加洛韦(Scott Galloway)

我喜欢这本书(特别是行文优美的英文版),作者是个连续创业者,也是纽约大学的营销学教授。

他说,这四个巨头有科技吗?有。

行业选得准吗?准。

但是,它们巨大的成功归功于抓住了人心,不遗余力地操纵人们的行为。比如,苹果手机的营销利用了人性:要面子、互相影响、崇拜时尚、不惜饿肚子、罩上一点追星色彩,以至于低收入的人也想要苹果手机。

又比如,Facebook比任何同行都更巧妙地利用了人们交往、表现和炫耀的欲望。

此书对四巨头的营销策略尖锐、细腻的分析，是全书的精华。

然后，他分析了自己在《纽约时报》(*The New York Times*)担任董事、代表股东利益时与管理层的博弈。他用这个经历解释为什么全世界的传统企业已经成为巨头的小小玩物，即使世界上备受尊重的报纸也只能在媒体的盛宴上捡一些面包屑。

哪些企业会后来崛起，加入巨头的行列？作者分析了阿里巴巴、特斯拉、优步、微软的优点及缺点。在分析阿里时，他说，阿里的中国标签让它在海外没有“性魅力”(sex appeal)，这是营销之精髓。阿里巴巴在中国讲的故事很不错，但是在海外，它讲得不好。它与政府的关系也影响了它在海外的“性魅力”。

作者还讨论了两个问题：政府是否应该逼着四巨头拆成若干个公司，以减少它们对世界的控制？在这种极端的世界里，年轻人如何思考自己的就业策略？

Facebook的丑陋统治

An Ugly Truth: Inside Facebook's Battle for Domination

中文版书名：《获利至上：你的一举一动，都是他们的赚钱工具！Meta集团称霸全球的经营黑幕》

作者：希拉·法兰柯（Sheera Frenkel），希西莉雅·康（Cecilia Kang）

Facebook在全球有30多亿用户、千亿美元市值，2021年销售收入为800多亿美元，富可敌国。但是对于这家公司内部究竟是怎么运转的，大家并不十分清楚。这本新书涵盖了五年的时间，从2016年的美国总统选举之前到2020年的总统选举及拜登当政的前几个月。书的开篇就讲Facebook开除了52位工程师，因为这些工程师滥用了他们的资料查看特权，比如，用于找女朋友。如果按照需要或者级别控制员工所能看到的用户资料（比如，使用时填表、报批），那又会降低工作效率。而效率、速度又是公司的生命线。Facebook岂能容忍低效率？

在Facebook发展早期，公司只关心高增长，对于变现并不是特别在意。但是最近十年，它非常在意这两者。这就需要越来越多的用户，而且用户在它的三个平台上停留的时间越来越长。这三个平台就是Facebook、WhatsApp和Instagram。Facebook不是新闻企业，但是越来越多人只通过它获得新闻。这就是它的威力所在。

Facebook力求不得罪任何人。所以在日益分化的美国两党之间，公司经常如履薄冰。毕竟，它把自己定位成一个巨大的商业机器。由此，就生出很多问题。政治上的广告、政客的谎话、政客以及他们的支持者的欺骗，以及憎恨的语言究竟怎么处理？比如特朗普对于穆斯林的憎恨和敌意的语言。

在这本书出版之后，2021年9月份《华尔街日报》（*The Wall Street Journal*）分7个故事报道了Facebook一个工程师弗朗西丝·霍根（Frances Haugen）的爆料。她的爆料包括Facebook加剧了年轻女性的厌食症（为追求身材好而厌食）；Facebook为了吸引更多的用户，还有一个所谓的“白名单”，对重要的政治人物、文化、艺术、体育界的明星以及商界翘楚给予特别保护，即使他们说话出格、语言充满敌意，也都不删除，让他们得到保护；Facebook对于贩毒者以及人口贩卖的活动也有视无睹；还有关于新冠疫情中的很多谎言和欺骗性的报道，Facebook也采取了睁一只眼、闭一只眼的办法；对于那些VIP用户，Facebook不想得罪他们，不把他们封锁，而是把责任推给一个外部的专家委员会。

此书还详细讲解了Facebook把用户资料卖给英国的一个操纵选举的商业机构剑桥分析（Cambridge Analytica）。此书还讲了Facebook内部管理之简单粗暴。虽然公司庞大且成功，但是在决策上非常随意。

当然这没什么奇怪，它说明一点，从根本上讲Facebook掌握了人性、人性的弱点。那就是，第一，人是社会性动物，希望跟别人联结，希望知道别人在干什么，也希望别人知道自己在干什么；众人都希望鄙视链（chain of contempt）存在，彼此论等级。第二，人都希望漫无目的地浏览各种新闻、小道消息、评论、娱乐。我们可以连续几个小时漫无目的地浏览这些东西，这就跟早年漫无目的地看电视一样。这就是人性。抓住了这些人性，充分利用了这些人性，就是Facebook成功的关键。至于公司内部管理有多糟糕或者多优秀，都不重要。

美国两大政党都对Facebook很不满意。但是那又怎么样呢？很多人说国会有可能逼迫Facebook一拆成三，或者一拆成二，可是那又怎么样呢？其实对它的运营没有什么影响，也许拆分后的这三家公司的市值加起来会更大。它已经超级成功，任何竞争对手只要一出现，它就会扑上去，买下它或者摧毁它。英语叫“Buy or Bury”。

如果Facebook
没有收购Instagram

No Filter: The Inside Story of Instagram

中文版书名：《解密Instagram：一款拍照软件如何改变社交》

作者：莎拉·弗莱尔（Sarah Frier）

此书试图寻找以下问题的答案：2012年，Instagram，美国的一个用手机照相并美颜、上传到各个社交网络的小平台，完全没有销售收入，没有商业模式，只有13个员工，为什么获得全球人追捧？Facebook为什么在自己2012年上市之前，花10亿美元收购Instagram，这个交易的最大赢家为什么是Facebook（用低价买了一个大宝贝）？监管部门如联邦贸易委员会（Federal Trade Commission）和国会为什么因为误判而批准了这项并购，导致了今天的Facebook称霸互联网社交世界？Facebook跟监督当局说："你看，我们两家都不收取消费者任何费用，我们的并购怎么可能伤害消费者呢？而且，Instagram和我们之间不竞争，我们分别都有很多竞争者。"

此书的作者问，如果这项交易未获批准，行业会怎样。我认为大家也许可以比较一下Instagram与中国的美图秀秀。如果Instagram一直独立存在，它今天会不会是另一个美图秀秀？或者说，中国的美图秀秀如何才能成为美国的Instagram？美图秀秀有过这样的可能（市值曾经高达600多亿港元），但是它如果很早就卖给了腾讯，又会怎样？又一想，其实，中国并没有一个在商业模式上与Facebook相似的企业。为什么没有？腾讯不是Facebook，微博也不是，它们虽然都有那么一点点重叠之处。

今天，中国如果允许Facebook进入中国，它会兴旺得起来吗？如果不会，为什么不会？LinkedIn（领英）在中国一直不温不火，为什么？

在Facebook体系内，Instagram是一个非常有用的单位，但是它无法独立核算，无法长期独立存在，因为确实找不到商业模式，就像它的兄弟WhatsApp一样。但是在Facebook体系内，它们才是宝贝。

Instagram的诸多竞争者（包括其他获名人资助的竞争者）也因此没有Facebook的生态环境而消逝。美颜和过滤之后的图像（特别是自己的图像）说明人类追求美好、自恋、炫耀和逃避现实。Twitter的创始人杰克·多尔西（Jack Dorsey）是Instagram的早期投资者之一，也跟它的创始人关系很好，并多次希望收购Instagram，但均未成功。而Facebook的股价在上市以来的6年涨了7倍多，现在相当于还在亏损中的Twitter的20倍。作者认为Instagram嫁接到Facebook的平台上运行，实在是天作之合，极大地发挥了互联网的网络效应，又消灭了一个抢夺消费者时间的竞争对手。其实，Instagram幸好在成立之后的一年半就被收购了。它的管理者在招聘、后台服务等方面，已经遇到了瓶颈。

书中有很多关于Instagram被收购之后，两边员工之间的沟通、矛盾，公关方面的风波以及与合作伙伴Twitter的决裂。在风格上，Facebook如狼似虎，风卷残云，增长压倒一切，广告收入至上，而Instagram是一个十分谨小慎微的团队，强调图像的艺术，不给用户一丝压力，还没想过销售收入这件事。所以，两边的融合花了很多时间。

互联网企业当然是先做人气。等用户数很大之后再琢磨如何变现。Instagram成为Facebook成员之后，很快就有了压力：如何证明自己，对得起别人支付的巨额对价。可当创始人凯文·赛斯特罗姆（Kevin Systrom）去找马克·扎克伯格（Mark Zuckerberg）谈变现方案时，得到的回复竟是："别想广告的事情。你们继续做大用户数吧。"反正公司钱多，可以任性，一定要把地盘做得更大，不给别人任何缝隙（即吸引眼球的机会）。书中描写两个创始人（皇帝与小诸侯）的日常关系及滑雪场的对话，让人会心一笑。两人最终分道扬镳也不奇怪。互联网鞋店Zappos的创始人谢家华（Tony Hsieh）把公司卖给亚马逊之后也未久留。类似的例子很多。

刚宣布了收购Instagram后，Facebook就发现一个新玩意儿Snapchat正在年轻人之间热爆。他们的图片在打开十秒之后就会消失。Facebook立即抄袭，但是很快就发现在这个小领域斗不过Snapchat。它出30亿美元想收购这个只有17人且尚无营业收入的公司，却遭到拒绝。

网飞“零规则”的致胜秘诀

No Rules Rules: Netflix and the Culture of Reinvention

中文版书名：《不拘一格：网飞的自由与责任工作法》

作者：里德·哈斯廷斯（Reed Hastings），艾琳·迈耶（Erin Meyer）

几年前，我跟某企业家喝茶时，聊起员工薪酬。不知道他是欺负我这个傻分析师呢，还是真情流露。他说，员工的月工资都在千元以下，但是总部的工资更低，我说：“那员工会跑光的。”

“不会。我即使不付工资，他们也会留下来，因为他们都贪污。反正我也无法杜绝。”

早前我读了网飞首席执行官里德·哈斯廷斯与管理学教授艾琳·迈耶合著的这本书《不拘一格》，内容颇为有趣。20年来，网飞的规划是“无规则”，主要内容如下：

1. 自己决定上班时间、休假时间，爱休多久，就休多久。只靠业绩说话。

2. 公司没有费用报销制度。唯一的要求是：你按照公司的最大利益行事（in Netflix’s best interests）。有一次就出现整个营销班子坐在飞机前面，首席执行官则坐经济舱的事情。每个人自订机票、酒店，报销只是照片上传而已，不需收据原件。虽然这样肯定浪费了一些钱，但是人力和时间的节省以及员工的归属感完全抵消有余。事后抽样审计如果发现问题，一定严肃处理。批评人和裁员时，不搞你好我好大家好，不文过饰非。

3. 公司没有采购制度。几百万甚至上千万美元的剧本内容采购、企业并购，一个小小团队成员就定了。公司认为，商场上讲的就是效率。你把自由推给了每个人，每个人就有了责任。

4. 公司几乎没有秘密。业务、财务资料随时在700多个中高层管理者之间分享，比股票交易所的公告早多了。CEO不仅没有办公室，也没有固定的桌子。

5. 不搞奖金，不搞KPI（关键绩效指标），员工全部变成月薪制，确定性高，付行业内最高的薪酬，留下优才。一个高手的贡献比一百个常人更大。公司要提高智商密度，把表现一般的人全部裁掉，团队越小越好。在人才密集型行业和企业，必须让每个人发表不同意见，要给真诚的反馈。

6. 在人才密集的行业和企业，高层尽量不做决定，让每个员工都做自己的决定。必须分散决策，这不是因为CEO谦虚，而是因为只能这样。他怎么知道在墨西哥或者意大利，什么样的剧本能受欢迎，哪些演员代表新潮，应该采购何种道具？如果招错了人，一定要马上换。将就的代价太大了，人要少而精。

7. 鼓励员工跟竞争者和猎头公司联系，发现自己的市场价值。

长期来看，你无法用低价留住优秀人才，不如让大家都到市场上去看看，反正你是乐意付高薪的。况且，你自信，别的公司无法提供你所提供的自由度、决策机制。

8. 每个员工开展一个新项目之前，都尽量征求同事们的意见。但是，不需要达成共识，也不需要你的上司同意。你是最终决策者，即使大家反对，这是你的项目。员工必须有“拥有者”的感觉。

9. 要创新，就不能看老板的脸色行事。老板能懂这么多产品吗？

10. 不能把公司当成家，不能把员工当成家庭成员。必须把他们当成足球队队员，不行，马上换。“没有功劳，也有苦劳”，那怎么行？我们是一个团队，不是一个家庭。每个岗位都必须是最强的配置。你的团队某人明天辞职，如果你不会拼命挽留，那证明你早就应该换掉他，而且你应该现在就让他走。公司只有两种员工：明星，一般员工。必须用慷慨的遣散金让后者离开，留下他们的代价太大。

11. 通用电气和微软都曾经实行过员工的末位淘汰制，但是这导致员工内部矛盾不断，于是分别于2012年和2015年放弃了那套制度。网飞反对末位淘汰制，鼓励各级经理不断审视每个员工是否优秀。而它的员工流失率（主动的和被裁的）远低于全美平均水平和同行业。

12. 随时换人确实会给很多员工带来焦虑。网飞让员工做360度的全方位评判，评价其他员工。（我在瑞士银行前后工作了11年，我最讨厌每年搞这套，年年穷应付。我哪里愿意给100多个同事在7个维度上打分，并写评语？别的人好像也是叫苦不迭。）

网飞的招数绝非空谈，它真做到了。11年前，网飞就发表了125页的“文化宣言”，引起哄动。全世界都知道它的招数，可是很少有人真正地仿效。每个企业家的心胸和格局不一样。少数公司学习了一个或者几个方面，比如维珍（Virgin）就取消了休假的限制。

有评论员说，网飞是知识密集型行业的人事管理制度的鼻祖和黄金标准，而现在绝大多数企业的HR（人力资源）制度都已经过时了，因为都是制造业HR的翻版。一个钳工比另一个钳工好一倍，就已经很了不起。可是，一个编剧比另一个编剧、一个软件工程师比另一个软件工程师、一个基金经理比另一个基金经理可以好几百倍、几万倍。所以，你必须放权，让他们脱颖而出。成功了，庆祝。失败了，要总结经验教训，但是不要惩罚。

亚马逊成功的背后

The Everything Store: Jeff Bezos and the Age of Amazon

中文版书名：《一网打尽：贝佐斯与亚马逊时代》

作者：布拉德 · 斯通（Brad Stone）

企业家的传记有两种：一种是吹捧和文过饰非，一种是独立和批判。最近，我读了一本关于亚马逊的传记《一网打尽》（*The Everything Store*）。这本书虽然高度评价亚马逊及其创始人杰夫·贝佐斯（Jeff Bezos），但是，书的每一章都有批判、讽刺和挖苦。

作者斯通持续追踪亚马逊逾十年，写过很多报道，见过创始人贝佐斯十多次。为了写这本书而做的调查及研究，堪称详尽。书中谈到了亚马逊上百位员工在过去十几年来的入职、离去、内斗和悲欢。

贝佐斯对员工尖刻，成本控制也绝对一流。出差时，他有时让员工两人住一间房，停车需自己付费，等等。他对员工的能力要求也很高。他有个原则，每个新员工必须比现有的员工高明，否则，何必招聘？当然，这个原则不见得能够百分之百得到贯彻，不过，作为一个原则，还是很有好处的。

书中几乎有一整页是贝佐斯骂人的金句集锦，“你为什么要在这里浪费我的生命？”他的尖刻比微软的盖茨有过之而无不及，苹果公司的乔布斯骂人时的残酷也不过如此。

作者说，在公众场合，贝佐斯幽默、迷人，但是，私下里，他会对员工大发雷霆！

虽然贝佐斯眼光远大，也很执着，但是他和高层其他人对配送究竟是不是一项核心竞争能力，也曾经有过怀疑。该不该外包？亚马逊究竟是零售企业，还是科技企业？

亚马逊把业务规模看得比任何事情更重要。利润？那是未来要考虑的事情！

亚马逊的成本控制实在一流：员工（特别是仓储和配送的员工）在非常艰苦的条件下工作，而且工作时间长，劳动强度大。在仓储和配送过程中的丑闻、事故和混乱，可谓比比皆是。

贝佐斯的商业眼光被反复证明高人一等。不，高人几等。他一直强调，只要顾客得到超值的服务，其他问题就迎刃而解了。他反复否决高管团队提出的加价请求。亏钱？继续亏！

华尔街的分析师、《巴伦周刊》和研究机构弗雷斯特研究公司（Forrester Research）都曾经为亚马逊的死亡准备好了“追悼辞”，不过，他们都错了。

在多位老将陆续离开时，贝佐斯坚持把商业利益放在个人感情和朋友关系之上。早期贝佐斯曾经许诺跟他一起创业的卡普汉（Kaphan），只要你愿意，首席科技官的位置永远是你的。不过，时过境迁，事不由人啊！后来，贝佐斯把卡普汉撂到一边，后者不得不知趣而退。

贝佐斯的大笑具有标志性，它划破晴空，它让你放松警惕，它惩罚你，它让你不知所措。

在2000年前后，亚马逊到处“撒胡椒面”，即毫无章法，参股和控股了大量互联网企业，在整合方面非常失败，多数落得个烟消云散。

在跟玩具反斗城（Toys“R”Us）、沃尔玛（Walmart）、书店和珠宝商的合作过程中，亚马逊都以官司告终。为什么？亚马逊的固执当然是原因之一，但根本问题是，亚马逊本来就是颠覆者，怎么可能与旧的社会秩序长期共存呢？业界说，贝佐斯根本不可能有长期合作伙伴，你只能为他效劳。

大约1999年底，索尼（Sony）的高层拜访亚马逊，探讨合作，结果在仓库里看到一堆索尼的产品！未经许可，亚马逊在盗卖索尼产品？

虽然高明，贝佐斯也做了很多错误的决定。高层跟他争执时，他有时会说：“我需要去楼下拿个证明书，证明我是CEO吗？”公司高层内斗盛行，但是何妨？贝佐斯基本上是听之任之。铁打的营盘，流水的兵。

贝佐斯不是人，至少不是常人，他也许是神，他坚持把平台业务Marketplace跟自营业务放在一起，让顾客选择产品：第三方商家的二手减价货跟自己的新品放在一起卖。他的信念往往是革自己的命，让顾客得益。然后，最终自己得益。这也就是华尔街经常念叨而又难以做到的“长期贪婪”（long-term greedy）：为顾客两肋插刀，最终让自己得益。

2001年，亚马逊负债累累，险象环生。雷曼兄弟公司的债券分析师苏里亚（Suria）不断用机关枪扫射亚马逊。贝佐斯和高层起初尚能克制，后来粗暴投诉，分析师不得不挂甲而去。而且，在分析师发布报告之前，贝佐斯已经看到报告初稿，竟然还减持，套现1200万美元，不是瓜田李下吗？

虽然这本书有很多有趣的内容，但是，读它绝对不光是为了娱乐，我希望理解亚马逊如何跟沃尔玛等实体店打交道，实体店如何反击，亚马逊如何处理短期财务压力与长期利益，亚马逊的“优等客户计划”（Prime）如何极大地改变了消费者习惯等。

势不可挡亚马逊

Amazon Unbound: Jeff Bezos and the Invention of a Global Empire

中文版书名：《贝佐斯传》

作者：布拉德 · 斯通

这是作者关于亚马逊的第二本书。2013年，他写过第一本书叫《一网打尽》。这几年间几个变化是，亚马逊的云服务Amazon Web Services的重要性已经远远盖过传统的零售业务；它收购了全食超市（Whole Foods）；拒绝高价收购竞争者印度电商Flipkart，后者在印度取得了霸主地位。Flipkart后来卖给了沃尔玛。亚马逊与Flipkart至少平分秋色。当然，其在印度的业务还在亏钱；它的物联网Echo及Alexa超级成功。

这本书有趣的一章是讲亚马逊在中国失败的原因，也许退出去的时机不对，太早了，应该再坚持几年。亚马逊电影制作和播放也颇有斩获；贝佐斯买了《华盛顿邮报》（*Washington Post*）。这是在亚马逊上市公司之外的一个业务，不过它与上市公司也颇有关联，比如上市公司的客户可以免费收到《华盛顿邮报》，还有，他们一起举行活动、互相推荐业务等。

这本书的核心还是强调亚马逊已经形成了一个巨大的良性循环。

它坚持用最低价为客户提供最佳的服务、最快的配送，因此吸引消费者，同时也吸引越来越多的第三方商家到上面卖货，扩大生态。生态和流量的增加又使得它可以进一步降低成本，提高技术水平，加快配送。同时又吸引更多的消费者和大小商户。

亚马逊这么大的公司每年还以30%到50%的速度增长，实在是太可怕了。除了良性循环以外，它还衍生出很多新的业务。谁知道呢，也许它还会做更多的并购，开辟更多的业务线。这本书对我来讲没有什么特别之处，不过作者的研究非常扎实，故事也很有趣。

作者写的这两本书都非常强调一件事。亚马逊的管理层，包括老板本人对细节之重视、内部管理之紧凑，是罕见的。我见过的很多企业管理层都喜欢把非常重要的事情交给别人，美其名曰授权，但实际上就是偷懒。

书中说，发明本身并不重要，重要的是发明一个能够不断发明的环境和制度。

这本书没有歌颂亚马逊和贝佐斯，没有“啊！伟大啊！”。有的只是独立和批判的眼光和笔触。作者最后问道：

世界会不会因为亚马逊的存在而更加美好，或者，没有亚马逊更好？

谁能回答这个问题呢？

贝佐斯不是什么“好人”，他也许“尖刻、贪婪、卑鄙、自私”。

书里竟然如此影射。

在社会层面，此书对员工的辛苦、小微商户的挣扎和竞争者的抱怨都做了详尽的分析。

我读了关于亚马逊的这两本书之后的一个体会就是，作者虽然对这家公司很崇拜，但是批评的笔触也相当尖锐。主要是：这家公司对员工相当苛刻，对竞争者非常残酷。它的壮大对社会进步究竟是好事，还是坏事?

它的增长似乎势不可挡，它还会越来越大，现在它好像一个飞轮（flywheel）在旋转。这对社会究竟是好事还是坏事，很难讲。美国的监管部门似乎也没有权力（至少在现在的司法体制下没有权力）限制它的发展，或者把它强制拆开，因为亚马逊可以说，它完全不是垄断，它的竞争者很多。事实上，它不仅在美国是龙头，在绝大多数国家也是龙头。但是龙头不是罪啊！

亚马逊让其他国家的监管当局也很头疼。由于它是美国公司，美国政府不断地利用自己的军事、外交和经济力量威胁别的国家不要对美国互联网公司征收所谓的互联网税，所以它和Facebook、微软等巨头的整体税费支出很低。比如，英国和欧盟曾经多次提出要对互联网企业征税，但是美国政府坚决反对，并威胁要制裁这些国家。所以，到现在，数码税（digital tax）还没影儿。

自从新冠疫情以来，美国的科技公司和互联网公司的业绩增长速度反而上升了。这么大的公司在经营风险比较小的情况下，还以30%，甚至70%—80%的速度增长，难怪它们的股价不断创新高。这也是传统企业根本无法与之竞争的根源。

年终，外资机构都对员工进行评价、反馈。虽然我在各种外资机构工作了20年，但是我一直不喜欢、不习惯，每次都想逃避。书中讲，亚马逊终于也发现，每次年终做了反馈以后，员工都像泄了气的皮球一样，即使最好的员工也是如此。

贝佐斯说，这的确是一个有问题的做法，“想象一下，如果你每年与妻子谈这么一次，你先告诉她你有多爱她，包括她身上一切美好的东西，最后你跟她说，‘多说一句，你只是有点胖’，那么整整一年，她就只会记得这一句。”

微软CEO的同理心

Hit Refresh: The Quest to Rediscover Microsoft's Soul and Imagine a Better Future for Everyone

中文版书名：《刷新：重新发现商业与未来》

作者：萨提亚·纳德拉（Satya Nadella）、格雷格·肖（Greg Shaw）、吉尔·特雷西·尼科尔斯（Jill Tracie Nichols）

微软CEO纳德拉在这本书中讲，他儿子有先天性疾病，一直与轮椅相伴，并必须在西雅图接受治疗。他的一个女儿有先天性学习障碍，他和太太相互轮换每个周末都开车去温哥华（相距230公里）带她去上一所专门的学校。这样坚持了五年。

他说，宇宙之内，痛苦和磨难是永恒的。那所温哥华的学校里，有各国的学生。他知道，人类有这样那样的问题、挑战。同理心至关重要。这也是他作为CEO带来的微软文化。美国企业也歧视外国人。不过，纳德拉的这本书让我大吃一惊：微软的中层和高层里有很多外国人（印度人、日本人、韩国人、俄罗斯人、古巴人和非洲人等）。他自己就是印度人。很多高管连美国国籍甚至连永久居民身份都没有。

开放不是对外国人的恩惠，是自私，是最高明的自私。谁是美国人？这个定义天天在变化。从爱尔兰人，到印度人、伊朗人、中国人、德国人、乌克兰人……你想发明创造，你就去美国；你有野心，你就去美国。这种海纳百川，让别的国家难以竞争。

如果我们坚持华人（而且只是一部分华人）的芯片才是中国人的芯片，我们就只能输在起跑线上。我们还大批量地向美国输送人才。

要竞争，我们就必须吸引海量的，对秦始皇、唐太宗、孔丘完全不感兴趣的外人。

有人误以为我说的是，我们应该去海外挖人、挖高人。我绝不是这个意思。我是说，我们要创造气氛、气候，让别人削尖脑袋，打破脑袋，挤进中国，成为中国人。挖人太累，太落后。让人家主动送上来，那才是高水平，效率高，成本低。美国是世界人民打造的，我们不应该输在起跑线上。

戴尔——世界上最大的初创企业

Play Nice But Win: A CEO's Journey from Founder to Leader

中文版书名：《进无止境》

作者：迈克尔·戴尔（Michael Dell）

1981年暑假的时候，中学生戴尔在得克萨斯州奥斯汀帮当地的报纸增加订户数，赚了18000美元。这是一个很大的数字。他的老师上课时教学生们如何填报税表，他填了18000美元。老师当着同学的面说：戴尔填错了数字。他反驳：我没填错，这就是我的报税表。老师吓一跳：你一个暑假赚的比我一年赚的还多？！

读中学的时候，他老是躲在最后一排，偷偷地研究计算机杂志和报纸。老师向他的父亲抱怨，他的父亲说，你给他一个测验，他考得不好，你再来找我。结果他考得很好，老师也没办法。

这本书详细讲戴尔把上市公司私有化和与私募股权基金合作，再创辉煌的过程。中间穿插了他读中学和大学的时候怎样赚钱，帮人家改装计算机、修计算机、倒卖计算机（同城、异地），还有增加报纸的订阅数。

当他正在计划把公司私有化的时候，他的妈妈得了癌症，而且他的四个孩子中的一个上了特殊学校，身体有问题。他说很多人会讲坚毅不拔，但是他的强项是把不同的事情放在不同的“房间里”隔绝开来，工作是工作，家庭是家庭。在工作上，他管理着11万名员工；家庭的事情，他也很上心，每星期去30英里外看他妈妈。他用了一个词叫compartmentalizing，就是把不同的事情归为不同的频道，或者放在不同的房间里。

要讲曲折惊险的程度，这本书不如单伟建的《金钱博弈》中收购韩国第一银行的故事。但是戴尔的书也有很多有趣的地方，他毕竟是一个书呆子气很重的商人，他的语言很风趣。

读大学的时候，戴尔甚至经常参加州政府计算机产品的招标，还赢了很多小投标。有人告诉他的父母，你的儿子很能干，生意做得真大，他的父母气坏了。

他的父母来大学宿舍看他之前，他赶紧把计算机及部件都转移到同学的房间，然后父母进门以后说：“哎，怎么一本书都没有呢？”他赶紧扯谎说：“我的书放在图书馆了。我一般是在图书馆看书的。”

终于有一次，他的父母又到学校来并逮个正着，苦苦哀求他不要再卖计算机了，好好读书，走光明之路。他母亲甚至把3000年的犹太人受罪的感觉表达了出来，让他愧疚难当，三人大哭，他答应父母不再卖计算机，专心读书。可是他马上又感到放弃计算机生意之痛苦。

他从小就招募同学们帮忙，跟同学分一点零花钱，大家都很开心。上大学的时候，很多同学都是他的兼职员工。

《鞋狗》（*Shoe Dog*）的作者菲尔·奈特（Phil Knight）是耐克的创始人。他在20年前做生意的时候，天天遇到库存产品占压资金的问题。戴尔在书中也反复讲了这个问题。

把公司私有化的过程漫长，程序繁琐，也有很多曲折，先是消息泄露，报纸、电台铺天盖地报道。后来，起初的两个竞标者KKR和东南资产管理公司退出，而且东南资产管理公司还发表公开声明说，戴尔与银湖投资（Silver Lake）联合给出的私有化的价格太低。最后新的竞争者加入，那就是投资者卡尔·伊坎（Carl Icahn）和黑石。黑石很快退出，但前者纯属搅局者，想保留公司上市地位，但是要求巨额的特别分红。

被称为“秃鹫资本家”（vulture capitalist）的伊坎买了一些戴尔的股票，不断在媒体放风，要接管这个公司。可是事实上他只是想吓唬戴尔，让他多付钱。

戴尔只持有戴尔公司15.7%的股份，后来他跟银湖投资一起把公司私有化了。这个时机是完好的：公司已经投资了几百亿美元转型，从PC计算机的生产转到服务和软件。但是效果还没有来得及显现出来。

另外，PC计算机本身已经在走下坡路，所以股价低迷，私有化的价格是8倍市盈率，但除掉公司账上的50亿美元净现金，私有化的价格只相当于6倍市盈率。

书中有大量的故事，用大白话讲他如何管理企业、如何谈恋爱、如何跟竞争者打交道、如何买房。例如戴尔主动找到同是犹太人的伊坎，去他家吃饭，挑战他对公司究竟有什么改良计划，当面戳穿了他的谎言。前前后后他们还在媒体互骂。

他开车经常超速，有一次终于被警察抓起来、铐上了手铐，因为他有很多张罚单还没有支付。他经常在办公室过夜，有一次在办公室里发现一只蝎子，他把一个茶杯放在蝎子上面压着。后来，他完全忘了这件事情，去了亚洲出差一趟，回来发现杯子还是压着蝎子，而蝎子竟然还活着。

20世纪80年代戴尔首创了直销模式。客户下单买货时先用信用卡付钱，然后，戴尔才去采购、改装。这种定制模式实在无敌，所以它没有应收账款问题，也没有额外的库存问题。仓库里只有少数的零配件，这在当时是他成功的主要原因之一。他在书中写道："信用卡销售、按条款向供应商付款、将零部件库存降到最低，所有这些做法使得我们的现金周转周期大大短于其他大多数公司。这对我们大有裨益。"

公司早期的总裁辞职的时候说，在戴尔担任总裁不是一个朝九晚五的工作，而是一个朝五晚九的工作。这让他筋疲力尽，身体和情绪都不足以支撑他继续下去。

戴尔有四个孩子，各有各的优点，各有各的问题。但是作为父亲，他套用一句陈词滥调："你的幸福感跟你最不开心的孩子是一样的。"关于如何评估企业，特别是科技企业，这本书是一部很好的教材。至于如何跟秃鹫资本家打交道，如何在资本市场上运行，这本书比《资本之王》(*King of Capital*)还好。

整个私有化的逻辑就是：公司在转型的过程中会需要很多投资，也会经历利润下滑。资本市场不给它合理的估值，也没有这样的耐心，所以银湖投资和戴尔把公司私有化。整个过程，特别是成为"世界上最大的初创企业"之后，这个转型还是相当成功的。

迪士尼主帅的心胸及手腕

The Ride of a Lifetime: Lessons Learned from 15 Years as CEO of the Walt Disney Company

中文版书名：《一生的旅程：迪士尼CEO自述如何请比我优秀的人为我工作》

作者：罗伯特·艾格（Robert Iger）

这本书是迪士尼董事长艾格的回忆录。他于2020年卸任迪士尼CEO，2022年又重返迪士尼担任CEO。他描述了自己从舞台后勤一直干到小部门经理，然后管电视台、制片厂以及迪士尼全公司的过程。我本来以为这本书会很枯燥，因为作者难免自我吹嘘和庆贺，但是，我发现故事情节非常有趣，而且作者很坦荡。

此书的一个强项是描写办公室政治以及他自己如何在娱乐界得心应手、如何成为自己前老板的老板，如何管理创作者、制片人、导演以及主播们。

迪士尼创始人的侄子也在董事会，但他一直觉得自己没有受到尊重，后来愤而辞职，并且通过媒体和法庭跟公司对抗。如何处理这样棘手的问题？作者发现，其实只要对人表示一点尊重，就可以冰释前嫌。作者对自己如何过五关斩六将获得CEO帅印的整个过程的描述也非常有趣。在美国的企业界，这种毛遂自荐，并且通过总统竞选一样的游说获得职位，还是很有趣的。这一套在中国可能行不通。谁知道呢，也许行得通，只是比较罕见而已。其实，20世纪80年代中国的企业联产承包制，以及很多厂长主动与政府签订责任书，与之有点相似。迪士尼与苹果公司创始人乔布斯（Steve Jobs）的皮克斯以前本来有一个合资企业，但是关系闹僵以后，两边互不来往。作者担任CEO之后，修补关系，后来甚至收购了皮克斯。

我在美国、澳大利亚以及中国香港的上市公司都担任过董事。我发现，美国、澳大利亚的上市公司工作流程和对管理层的控制，确实远远大于香港上市公司，原因之一可能是它们的公司没有一股独大。我们常人在公司里经常受这种那种气，其实董事长也是要受气的。这是书中一个小结论。

艾格的上一任CEO迈克尔·艾斯纳（Michael Eisner）是一个杰出的管理者，但是有一个事情，作者是不赞同的，那就是，艾斯纳过分悲观，而且经常把悲观的情绪流露给周围的人，这对于士气是很不利的。

艾斯纳由于长期没有人坐第二把交椅，公司巨大，业务繁杂，所以公司的战略规划部就慢慢扩充，事实上成了二把手，对下属各企业控制非常紧，事无巨细。这样，总公司与各子公司关系很紧张。艾格上任以后，立刻削减总公司职能部门的权力，特别是把战略规划部几乎取消，这充分调动了各业务单元的主观能动性。

高峰期，这个战略规划部有65位分析师，全部都是MBA学位出身，他们过度解析型的决策制定不仅费力，而且费时，分析来、分析去，虽然这很重要，但是经常贻误战机，打击士气。

艾斯纳与乔布斯的关系闹得很僵，艾格上任后的第一件事就是主动找乔布斯，并且谦虚地表示合作，愿意把迪士尼的电影放在乔布斯当时新推出的iPod上。

作者说，个人或者企业管理者在做决策的时候，当然不可以过度分析，犹豫不决。但是太多人只凭感觉。从A到B，这个连结究竟是什么？过程会如何实现？需要哪些先决条件？人们思考的不够。作者讲了很多例子，他强调，一定要把这个连结想通，不能一拍脑袋就做了决定。

跟戴尔创始人迈克尔·戴尔（Michael Dell）一样，作者强调管理者的心理素质。像迪士尼这样业务繁杂，在全世界几十个国家都有业务的公司，他早上一睁眼就发现公司有10件好事、9件坏事、5件急事。所以心理平衡非常重要，他必须把不同的事情放在不同的频道上，只有这样才能从容处理。

艾格担任CEO之后，立刻着手三个重要的动漫和制片厂的并购：皮克斯（并且让乔布斯成为迪士尼的单一最大股东）、漫威（Marvel）和卢卡斯影业（Lucasfilm）。从品牌建设和财务上看，这三项并购都是非常成功的。

作者在为人处事方面展现了巨大的灵活性和决断能力。有些书评说，作者擅长于自恃甚高、脾气暴躁的一群创作者和艺术家之中周旋，彭博的书评如此形容这些创作者：Prima Donnas and Egomaniacs（大牌及自大狂）。这三项并购从根本上改变了迪士尼的轨迹。迪士尼曾经想要收购Twitter，两边的董事会也都批准了，但是作者突然感觉不对劲儿，“我临阵退缩了”，管理Twitter可不容易，而且品牌管理也难，所以他选择了放弃。

后来迪士尼还收购了默多克手下的二十一世纪福克斯、福克斯探照灯影业，但是并没有收购他的福克斯新闻电视台。

作者反复强调，科技在变化，消费者习惯在变化，把好的内容（影视、音乐等）用更加便宜、更加创新的方法推送给消费者，也就是直接面对消费者，是必然趋势。与其被别人颠覆，还不如自己颠覆自己。

通用电气：透支未来的老板

Lights Out: Pride, Delusion, and the Fall of General Electric

中文版书名：《熄灯：傲慢、妄想和通用电气的没落》

作者：托马斯 · 格里塔（Thomas Gryta），泰德 · 曼恩（Ted Mann）

这本关于通用电气（GE）的巨著涵盖了过去40多年的历史，非常值得一读。它讲述前CEO杰克·韦尔奇（Jack Welch）和继任者杰夫·伊梅尔特（Jeff Immelt）在企业管理方面的成功、失败、挣扎及骄横。

GE的主要业务有医疗器械、天然气发电机组、飞机引擎、媒体以及一个巨大的非银行金融机构GE资本（GE Capital）。韦尔奇在任的那些年股价大涨，可是他的成功与他的杰出管理才能关系不大。根本上还是因为经济腾飞，生逢其时。加上他胆大过人，在会计入账方面上下其手，夸大利润；在合法的范围内，他把利润通过各种手段调高，把问题一直往后推。这些财技包括在养老金上做文章、通过GE资本做资产回购、做贷款、做卖方融资及做买方融资等等。

GE把会计方面的手段用尽了，比如把天然气发电机组的涡轮在未来20年、30年的服务合同收入今日入账（这属于合法的），但是它一直对未来会计上的假定过分的乐观和激进。对于GE这么复杂的大型综合性企业，在会计上做些手脚是不难的。

即使这样，年复一年地把问题和成本往后推，把收入往前提，总有一个极限，结果到了最近十几年，由于经济放缓，也由于会计上对未来透支过大，财务表现终于崩溃。书中讲了两代管理者如何操纵媒体、影响分析师、忽悠投资人的，趣味横生。比如，把一个综合性的工业企业硬是定位成软件企业。

书中最有趣的内容之一是GE收购法国阿尔斯通（Alstom）的天然气发电机组制造业务的全过程。GE志在必得，财大气粗，不讲严谨的分析方法，而是长官意志至上，铁定了要收购，所以倒逼出来一个收购价格。那么多的高管和聘请的财务顾问都唯唯诺诺，个个是马屁精，没有一个质疑的声音，不用专业的分析方法，明知道被收购的公司正走向破产，GE却花了三年的时间，装模作样做分析和演算，走了无数监管流程，最后却是要承担收购导致的巨额损失。

此书的作者认为GE从头到尾管理混乱，特别是最近二十多年，公司竟然有500多个独立核算单位、几百套企业软件同时并行。它冗员严重、浪费惊人，比如董事长出门坐专机，不是一架，而是两架，高层员工工资奖金也高得吓人，GE资本实际上就是一个次贷机构，它也是GE对利润进行操控的一个老鼠仓。

这本书有一个结论：一个小公司也许可以年复一年高速成长，但是一个大型的综合性企业，像GE这样，它的增长率也就是在GDP增长率的上下浮动，不可能太高。

第二个结论就是：杰出的企业家是罕见的。最重要的还是宏观经济以及所处的行业。不是因为伊梅尔特比韦尔奇更加无能，而是因为韦尔奇把继任者的收益过度透支了。而且，宏观经济下行，令伊梅尔特撞上不好的时机。书中讲到2004年以来的14年间，管理层回购股票花掉1080亿美元。每年还分红几十亿美元，加上做了几个非常错误的并购，亏了几百亿美元。

我执掌通用电气的16年

Hot Seat: What I Learned Leading a Great American Company

中文版书名：《如坐针毡：我与通用电气的风雨16年》

作者：杰夫 · 伊梅尔特（Jeff Immelt），埃米 · 华莱士（Amy Wallace）

这本书作者就是通用电气前CEO伊梅尔特，内容不如上一本同样讲述GE的书《熄灯：傲慢、妄想和通用电气的没落》那么扎实、独立。当然，原因可以理解。读完之后我觉得这本书比较肤浅，自我辩护和树碑立传的内容太多。自我辩护的地方包括，他的前任韦尔奇留给了他一个烂摊子，特别是三个领域：

1. 非银行金融机构GE资本实际上是次贷机构、规模太大，相当于整个集团40%—50%的利润。而这是一个高风险的行业。它长期靠着公司的工业板块的现金流，以及3A级的债券评级，发债加大杠杆、发放各类次贷。

2. 几个工业板块长期投资不足、竞争力下滑、增长放慢，对未来销售收入和利润的透支过大（会计入账很激进）。

3. 韦尔奇当年收购了一个巨大的再保险公司，潜伏了巨大的风险，导致公司在继任人的年代亏损150亿美元。

作者伊梅尔特于2017年离任，他承认在管理通用电气的16年里犯过很多错误，其实是一个不成功的CEO。毕竟16年是很长一段时间，他找了一些正确的借口，他在重组方面步伐缓慢，而且他是销售人员出身，一天到晚在充当销售总监的角色，而没有做CEO最应该做的事情，那就是资本配置。

他的许多收购也亏损了100多亿美元（包括法国阿尔斯通的发电机组业务）。他还买过很多不该买的资产，比如油气开采设备等。当然，韦尔奇留下了一个高达50倍市盈率的股票，当股票从50倍市盈率降到10倍市盈率时，这也给继任者添了大麻烦。

伊梅尔特说韦尔奇的“第一、第二”理论完全是站不住脚。如果你在某些行业已经是前几名，你说“我要维持前几名”，这没问题，可是你进入新的行业，凭什么你是第一、第二呢？你还创新吗？你还进入新的领域吗？

伊梅尔特称，在他接掌GE帅印前，他和韦尔奇有次在伦敦某宴会上，一位英国爵士向韦尔奇戏谑道：“你是怎样做到的？你如何用那袋垃圾搞出50倍的市盈率？”

WeWork的似是而非最迷人

Billion Dollar Loser: The Epic Rise and Spectacular Fall of Adam Neumann and WeWork

中文版书名：《亿万负翁：WeWork及其创始人的极速崛起与陨落》

作者：里夫斯·维德曼（Reeves Wiedeman）

这本书讲的是共享办公室营运商WeWork的兴衰。它的故事情节我都是知道的，不过这本书的最大价值，对我来讲是娱乐以及学点英文。

WeWork的共享办公空间不是什么新主意。几十年以前就有这样的运营商，比如英国的Regus（IWG Group）。其实世界上到处都有很多小型的运营商，只是WeWork把它搞大了，并硬要把它弄成一个所谓的社区服务、社交网络、嬉皮士聚集地。它加了点情怀、娱乐性的东西，靠忽悠给它增添了不少色彩。很重要的一点是：WeWork让租客有充分的自由度，可以按星期，或者按月租。而且它弄出了一些好玩的特点，比如共享空间大、酒水和咖啡免费供应，每个星期一个派对。它愿意亏钱，把租金压得很低，免租期弄得很长；虽然公司亏了钱，但是它办公室数量增长得很快，扩张很快，这是它吸引风险投资、私募股权投资者的原因之一。“这么快速的扩张，万一不成功呢？”

当然，公司在内部管理方面有很多不严谨的地方，包括聘用亲友、决策随机性，还有不计成本。一个硬币都有两面。WeWork公司的一个员工曾经说过一句非常经典的话。他说，十个股权投资者都很聪明，都放弃投资。可是，只要有一个傻瓜投资者愿意给出极高的估值，那么这个估值就是市场的估值，你就有了几十亿美元甚至几百亿美元的估值。

2019年WeWork最高峰的估值是470亿美元，但是当年的IPO失败了。等了两年，在2021年，它与一个SPAC（特殊目的收购公司）合并，市值只有90亿美元。

它的商业模式就是二房东：把一栋楼或者几层楼租下来，加以改造，做成很多小间或座位，分租给单干户或者小型公司，“期限错配、长进短出”。即使在风平浪静的时候，这种商业模式也是有风险的，起初的租金支出和装修费用都是固定的，可是谁也无法预料未来租客的多少、空置率和续约情况，只要一遇到经济下滑，这种商业模式就爆雷。

虽然它一直把自己说成是科技公司，但它的IT很落后，而且它对软件的依赖程度并不高。它不像软件企业或者互联网公司那样容易产生网络效应或者运营杠杆。在某种程度上可以说，每栋楼都是相对独立的，虽然在营销方面有那么一点点规模经济。WeWork的创始人说，他不管毛利率高低，“我只管增长，我只想大到不能倒。”

WeWork也扩充到了住宅市场的二房东（WeLive）以及小学（WeLearn）。在企业管治方面，它的问题很多，包括聘请大量亲友做管理层、把公司的品牌注册在自己名下，并用900万美元卖给公司，以及把老板自己的楼宇长期租给公司。

软件企业每发展一个额外的客户，边际成本几乎为零，可是对于一个共享办公室的平台来说，额外的客户有额外的成本，而且成本不低，这就是本质上的区别。这也是为什么WeWork的规模经济并不明显。软件企业或者平台企业（微软、Facebook、亚马逊及微信等）有一个特点就是网络效应。网络效应是什么呢？就是越多的人使用它，另外的人就有压力要使用它，用的人越多，那些不用的人就会被吸进来，而办公室共享平台严格讲并不算平台，它并没有吸纳效应、网络效应。

共享办公室的社交和社区概念稍微有点牵强附会，因为毕竟每个人都有自己的压力、自己的生意、自己的生活。一栋楼与另外一栋楼的关系非常有限。即使在同一层楼，大家的所谓交往也是很有限的。

WeWork一直把自己说成是科技公司。可是这个公司并没有什么科技。创始人兼前CEO亚当·诺伊曼（Adam Neumann）甚至根本都不能用计算机，也不能阅读，因为他有阅读障碍症。他的电邮和书信来往都是由他夫人和秘书代劳的。

WeWork公司的创始人经常声称：“我们的使用者需要办公空间，就像优步需要汽车，Airbnb需要房间一样。”其实这两边还是不一样的，两边的网络效应不同，新用户的边际成本不同。WeWork的商业模式是，一个萝卜一个坑。可怕的是，如果十个坑只能找到七个萝卜，使用率低到某个地步，那就要亏钱。而软件公司是：一个坑可以栽几个萝卜，很多个萝卜，甚至是无限多个萝卜。办公室市场、房地产市场的根本问题是太大，不管你有多少钱，你的市场份额都太小。你永远没有办法影响价格，甚至没有办法影响一个城市的价格，也谈不上所谓护城河。

一滴血揭发的连环欺诈

Bad Blood: Secrets and Lies in a Silicon Valley Startup

中文版书名：《坏血：一个硅谷巨头的秘密与谎言》

作者：约翰·卡雷鲁（John Carreyrou）

这是一本纪实书，但比惊险小说更惊险。一个美国的女青年伊丽莎白·霍姆斯（Elizabeth Holmes）创业，成立希拉洛斯（Theranos），希望通过手指头的一滴血，检测几十种疾病或者指标。她是斯坦福大学辍学生，野心过人、手段毒辣，但她从头到尾就是一个骗子。小事情，她做作；所有事情她都撒谎、夸大。她的十句话里，九句半是假的。与她同居的巴基斯坦裔男友比她大二十多岁，是公司的二把手，他俩欺凌员工、打压异己，欺骗董事、合作伙伴和监管部门。

这对情侣脾气坏、手段卑鄙，而且不惜重金聘请最昂贵的律师威胁员工、客户和记者。我多次试图跳过书内一些不那么重要的细节，但是此书太惊心动魄，我跳过了之后，又不得不回头来，看我刚才跳过的那一段或者那一页。

这本书有中文版，但是英文版的美丽就是它有很多精彩句子、字眼，是学英文的好材料。

书中的主人翁霍姆斯跟美国食品药品监督管理局（FDA）和州政府监管部门的周旋让我觉得可笑。她在几轮融资过程中跟投资者撒的谎也很可笑，因为这个企业在十几年中的谎言太多，很快就露馅了，比如销售收入的预测、业务的预测等等。但是没关系：今天骗，算今天；明天的谎言，明天再编，一直骗到成功，假装直到你成功（Fake it until you make it）。作者说，这是硅谷创业企业的一个通病。

她手段厉害，会拍有用的马屁，又美丽动人，所以她骗的投资人都是大人物，包括新闻集团的鲁伯特·默多克（Rupert Murdoch）、退休的国务卿、国防部长、教育部长的家族、著名的风险投资者及将军等。

作者说，在霍姆斯经营希拉洛斯的十多年时间，她每次融资时，都有一个财务预测。可是半年后、一年后再去见投资者的时候，有时候是同样的投资者，大家也很少问她，你上回的业绩预测达到了吗？为什么没有达到？这是创业投资界的一个通病，大家无限夸大未来可能的业绩，但是并不需要对自己的预测负责。这在某种程度上纵容了创业者们夸大其词。绝大多数创业企业的财务状况是不需要经过独立审计师审计的，其实即使需要经过审计，审计事务所对未上市公司也一般更加网开一面。

即使在美国上市公司，财务欺诈也是相当普遍的。在本书中，我讲到通用电气（GE）的故事。大家可以看一看，对照这篇文章。

自从希拉洛斯2018年倒闭以来，美国司法机关一直在寻求对公司和创始人的起诉，她已经几次出庭。到现在，这件事情尚未结案。她的支持者们说，创新、创业是社会进步的动力；对于新公司和小公司的适度宽容是对社会有好处的。而且在创业界，夸大其词非常普遍。为什么非要制裁她不可呢？就因为她是女性吗？优步公司不是照样爆出很多欺诈的事情吗？可是谁也没有受到起诉。美国次贷危机爆发以后，没有任何一个银行家或者监管者受到司法制裁。

她在法庭上的自辩是："很多坏事都不是她自己干的，都是员工干的，而且她本人也并不知情。"

洋骗子不亚于本土的骗子。

中华大地，各种骗子多如牛毛（从宗教骗子到学术骗子和商业骗子）。这是众人皆知的事实。不过，国人大多认为欧美的骗子很少。

这可是大错特错。

近几十年，中国人在欧美做贸易，投资，旅行和读书，受骗上当的案例也数不胜数。由于面子问题，我们国人喜欢打掉牙往肚里吞。况且，亏掉的也不是自己的钱。你看看，最近十年我们国企在海外矿业和大宗商品行业巨亏这件事情，除了运气不好、内鬼做怪、水平太差、不勤奋等因素以外，还有一个很大的原因就是洋骗子太多。但是，中国人很少诉诸法庭。

但是骗子也被骗子骗。彭博（Bloomberg）发表了一篇调查报告，讲一位英美资本市场的奇才如何被欧美的骗子弄到身无分文（"How the Flash Crash Trader's $50 Million Fortune Vanished"，作者：利亚姆·沃恩，2017年2月10日）。

你还记得2010年5月6日全球股市差一点崩盘吗？道琼斯指数在几分钟之内跌了1000点。惊险啊！原因是一个神奇的印度裔英国交易员纳维·撒拉奥（Nav Sarao）的鬼怪之手。他多年来通过巧妙的操作（比如，同时下巨额的买单和卖单，而在所下的单子尚未执行之前又取消，等等）翻云覆雨，从中获利。这位老兄实际上是个体户，但身价不菲。

2011年，英国当局以扰乱市场之名拘捕了此君，他需要保释金500万英镑。这时，此君才发现，他的财富都早已化为乌有。他多年投资的私募股权投资（PE）项目、地产、农业、新能源和理财计划全都是骗局！

难道他的伙伴和周围的人都是骗子吗？是的！不敢相信吧？什么总部在伦敦市中心梅菲尔的咨询公司，什么瑞士的私人银行，什么望族的后裔，还有那低风险高回报的项目，全部是谎言！

此君不仅一贫如洗，还要被监禁一百多年。你不能不拿他跟美国的伯纳德·麦道夫（Bernard Madoff）做比较。骗子之多，帮凶之众，不怕你不感叹！

假话不叫“假话”，叫“另类事实”（alternative fact）。美国总统的新闻发言人发明了这个词语。现在它很走红。

美国硅谷的创业公司早就把做假账和吹大牛（统称：欺诈）变成了一门艺术。也就是说，早已变成了文化和血液的一部分。请看美国《财富》杂志（*Fortune*）的详细报道（“The Ugly Unethical Underside of Silicon Valley”，作者：伊琳·格林菲恩，2016年12月28日）。

在硅谷，欺诈的人们即使被揭露出来了，也不觉得脸红，还堂而皇之地狡辩。同时，他们的风险投资（VC）及私募股权（PE）投资者、顾问、投行和政客们也竭尽全力一唱一和。在利益的驱使下，做假账和吹牛早就是一个生态。2001年，我在香港法庭上跟做假账的格林柯尔搏斗的那半年，也曾收到几个朋友的游说电话说“这家公司真的没有问题”。

有钱能使鬼推磨。

安然造假的阴谋

Conspiracy of Fools: A True Story

直译书名：《愚者的阴谋：一个真实故事》

作者： 库尔特 · 艾肯沃德（Kurt Eichenwald）

此书讲述美国能源巨头安然（Enron）20世纪90年代的疯狂扩张、做假账及最终的倒闭。书中描述公司内外几十人的嘴脸太生动了。

安然原本是一个业务枯燥的燃气管道公司，主要做批发市场。麦肯锡的高级顾问杰夫·斯基林（Jeff Skilling）加盟并担任首席运营官之后，公司不断开拓新业务，什么时髦就追什么：燃气和电力的批发业务、零售业务、欧洲水务、印度发电厂、拉美公用事业、海底电缆及宽带等。

它不断并购和融资，给投资银行带来了丰厚的生意。公司财务总监经常以此威逼投资银行裁掉写负面报告的分析师，并为它做一些违法、出格的融资及投资。当年，安达信（Arthur Andersen）既是审计师，又为安然提供咨询，获利甚丰。

在会计报表上，安然不断“创新”，并向审计师施压，有时还直接欺骗审计师。为了报出好业绩，它还创造了一系列的表外企业，隐藏企业的不良资产，并用高价承接公司的烂资产。有些普通合伙人（GP）、有限合伙人（LP）基金形式的地方融资平台并不符合标准。这里面技巧和违法的过程相当复杂，衍生产品的利用也极其大胆。

除了一系列非法活动之外，导致安然倒台的真正原因（和导火线）是长期以来，它用高负债做了一系列亏钱的投资，流动性太紧，终于崩盘。董事会成员全是知名的能人，并无坏意，也勤奋，但是挡不住财务总监安德鲁·费斯托（Andrew Fastow）偷偷地上下其手。安然究竟错在哪里？

1. 董事们太宏观，也太迷信董事长兼CEO肯恩·雷（Ken Lay）的领袖风采，而又不问细节。CEO太超脱，斯基林也很超脱，又太强调增长、增长！这些人的共同错误是容忍财务总监兼任表外公司的主管，吃里扒外、胆大包天。千里之堤，溃于蚁穴。

2. 赚钱不易，持续地赚大钱更不易。安然当年的许多项目、投资都是失败的。

我很感叹的一件事，是近朱者赤，近墨者黑。大家在一起工作，不管是内资、外资、大企业、小企业，你的同事想做一件坏事，乍看一下也许并不太出格，你不假思索，表示了认同、容忍，甚至跟进，有时获利不错。但是它就是迈向监狱的第一步，也是千里大堤上的一个蚂蚁窝，此书讲了诸多例子。我回头想了过去三四十年摆在我面前的诸多大大小小的诱惑，掩卷唏嘘。

此书文字美丽，我睡觉之前必然细读一会儿，享受它。我曾给作者写了一封电邮：我本想跳过诸多细节，但是我失败了。我只好回过头来，重读那跳过去的内容。

在内地，审计师、PE投资者、券商与公司高管串通一气做假账，欺骗监管当局和后来的投资者，这是一个很常见的现象。这本书至少让我们领略了美国的游戏是怎样玩的。安然倒闭之后，审计师安达信公司关门；董事长和财务总监均坐牢；几万名员工失业，大量员工还因为持有公司的股票而家破人亡。

奥林巴斯二十年的假账曝光

Exposure: From President to Whistleblower at Olympus

中文版书名：《一个告密者的自白》

作者：迈克尔 · 伍德福德（Michael Woodford）

我读了日本奥林巴斯前CEO迈克尔·伍德福德的书——《一个告密者的自白》。

2011年，伍德福德与奥林巴斯的董事会和其他高管进行斗争，揭露了公司20年的假账。除了与骗子较量，伍德福德遇到了公众的冷漠、政府的袖手旁观、同事的不理解和恶人的诬陷。很多股民极端自私自利，当假账曝光时，他们不是感谢讲真话的人，而是把股价暴跌的损失怪罪到讲真话的人身上。股民的邪恶和自私自利也纵容了企业的管理层。

奥林巴斯是日本最大的跨国公司之一，主要生产照相机和医疗器材。从20世纪80年代后期开始，奥林巴斯高管就一直在地产和股市上做大量投机。亏损很快累积起来。跟中国的股民一样，他们认为自己只是被“套住了”。于是他们一边掩盖，一边继续投机。可是日本楼市和股市一直拒绝回到90年代初的高位。

后来，国际会计准则发生了变化，要求上市公司按照市场价格对持有的投资产品进行调整（mark to the market）。那样，奥林巴斯的管理层将被迫承认过去的损失和多年的遮掩。那怎么行呢？欺诈是要坐牢的。怎么办？于是，他们在新加坡、伦敦和东京成立了三个基金，然后用收购海外根本不值钱的皮包公司，发生巨额亏损的办法，把过去的亏损和假账冲掉。

2010年中，奥林巴斯的财务部一位正直的员工，把部分细节透露给了一家日本小报Facta。Facta把这些资料分期分批登了出来。可是，在六个月内，日本主流媒体一直装作不知道，没看见。伍德福德刚刚从欧洲业务主管提拔为集团CEO，而且他不会讲日文，所以到处是两眼一抹黑，董事长还是一手遮天。

伍德福德坚持不懈，通过审计师的帮助找到了更多证据，于是发出了最后通牒，逼董事长和其他高管们集体辞职。不幸的是，19人的董事会反戈一击，罢免了他。

公开的战斗爆发了。伍德福德先是通过西方国家的媒体，然后是通过日本的媒体，向董事会开炮。奥林巴斯是个全球化的公司，很多假账和支付都是通过海外分支机构进行的。他冒着生命危险，向英国、美国和日本的监管部门和警察局详述了他之所知。

几个月后，奥林巴斯的主要高层管理者才被捕。不幸的是，新任的管理层还是原来的中高层，他们早就知道公司多年的假账，但是一直不吭声。而且他们中的某些人还参与了其中某些活动。在整个曝光过程中，他们一直站在正义的对立面。

伍德福德和奥林巴斯的外国股东们一直试图清洗原来的19人董事会，并且让伍德福德官复原职。但是，很遗憾，日本的股东们和债权银行票数过半，反对伍德福德官复原职，反对彻底改革。

在那六个月的公开战斗中，伍德福德某些原来的好朋友站到了他的对立面：你为什么要把整个事情公开化？为什么不能在内部悄悄运作？

还有很多旧同事为了个人职业的考虑，立刻跟伍德福德划清界限，保持距离。这跟中国文化一样。十几年前，我本人在香港跟中国的骗子公司搏斗时，除了我的雇主UBS慷慨相助以外，我没有收到任何其他帮助和鼓励，只有那些可怜又可恶的股民骂我“黑嘴”和别有用心。

伍德福德本人和他的家庭为此案付出了巨大代价，经常失眠是最起码的。家庭关系也受到了影响。如果你发现某个企业做假账，千万别吭声。没有人会帮你的。也许，朋友也会远离你。监管机构要么太忙，要么不感兴趣。坏人的威胁不奇怪。而且，律师的费用很高。有些地方政府跟企业狼狈为奸，你想曝光他们的欺诈，有人甚至可能会动用政府势力对付你。可悲啊！

英文里有句话：See no evil，hear no evil，and speak no evil。意思是看见魔鬼，别吭声！

日本汽车行业的惊天大案

Collision Course: Carlos Ghosn and the Culture Wars That Upended an Auto Empire

直译书名：《碰撞历程：卡洛斯 · 戈恩和颠覆汽车帝国的文化战争》

作者：汉斯 · 格雷米尔（Hans Greimel），威廉 · 斯伯萨托（William Sposato）

1999年，日本日产汽车出现了生死危机。法国雷诺汽车（Renault）充当白武士抢救日产汽车，大获全胜。当时派来负责拯救任务的主管是一名黎巴嫩裔法国人，叫卡洛斯・戈恩（Carlos Ghosn）。不用说，他成了世界汽车行业的明星，受媒体追捧，万人爱戴。

后来此君还当上了雷诺汽车和日产汽车两家公司的领导。而且他还通过日产汽车兼并了三菱汽车。一时风头无双。但讨厌的是，日本企业高管的工资一般不高，法国也是如此。此君在热气腾腾之中，一天到晚想着美国企业高管的数千万美金的高薪。于是，他开始打花主意了。

2018年他在日本一个机场被警察逮捕。罪名是他大肆公款消费，利用公款在巴西、黎巴嫩、法国为自己购置住宅，还利用公司的子公司和联营公司给自己发工资等。

更有甚者，为了避开法国各界和日本各界的审视，他还秘密为自己发放了一份退休以后才能拿到的数千万美元的福利。真是费尽了心思。在被捕并且被关押了几百天之后，在日本保释期间突然某一天他安排退伍的特种兵把自己装在行李箱中，乘飞机回到了黎巴嫩，让世界各界震惊。

此书的故事情节虽然波澜壮阔，但是，这是一本很严肃地探讨社会问题的书。作者探讨了这样三个方面的问题。第一，日本民风淳朴、路不拾遗，可是，为什么企业里面的欺诈相当普遍？这是一种什么样的社会现象？

第二，日本作为一个发达国家，司法逼供竟然是一个相当普遍的事情，司法制度相当不人道。审判这位企业老大其实是在全世界人民面前对日本司法制度的一次审判。在日本被起诉的人，99%最终将被判有罪。

第三，企业高管的伟大才干是一个非常罕见的东西。此君在帮助日产汽车扭转乾坤之后多年其实一直未能大展宏图。这是一个竞争非常激烈的行业。此君也没有展现出过人之处。

此书着墨最多的还是法国人与日本人的民族主义的较量。法国人批评日本人不思感激。日本人坚决要夺回对日产汽车的控制权。可是，既然大家搞的是资本主义，那就应该用股权说话。雷诺汽车拥有日产汽车43%的股份。日产汽车拥有雷诺汽车15%的股份。如果是完全用股权说话，那这两家汽车公司，甚至三家汽车公司的合并就应该是顺理成章的事情。可是日本人拼命想保住日产汽车这个民族品牌。最后的结果当然是两败俱伤。虽然经过了近20年的努力，这三家公司一直没有能够实现真正的协同效应、成本大减以及大展宏图。可惜。

保住了一个摇摇欲坠的民族品牌有什么意义呢?

在电动汽车的美丽之外

Volt Rush: The Winners and Losers in the Race to Go Green

直译书名：《新能源竞赛中的赢家和输家》

作者：亨利 · 桑德森（Henry Sanderson）

也许书名可以翻译成《电动汽车的中国游戏》。这本书对新能源汽车的美丽是充分肯定的。但在美丽之外，还有很多实际问题。新能源汽车在未来30年会需要大量的金属，特别是锂、钴、镍、铜等。这本书从特斯拉写到比亚迪、宁德时代和长城汽车。然后，它又讲了中国民营的矿业公司在亚非拉国家优先布局，所取得的巨大成功。它特别讲到华友钴业、青山控股、宁波力勤、赣锋锂业、天齐锂业、寒锐钴业、紫金矿业等企业在海外的成功。故事的情节很有趣，而且都是外国人的角度。

大宗商品，比如煤炭、金、银、铜、铁主要掌握在西方人手上。而石油和天然气又掌握在中东人、美国人和俄罗斯人的手上。但是，不可否认，过去十几年，中国人在小类商品上获得了巨大成功。这些成功主要依靠了民营企业，而国有企业在这方面鲜有斩获。看样子，我们还应该进一步鼓励民营企业去亚非拉各国探险、开采和经营。

此书作者认为，现在这些小类商品的大牛市才刚刚开始，因为供求的不平衡太明显、太严重。书中也讲了海底开采和回收所起的作用，但是从目前来看，海底开采和回收只能起辅助作用。

矿产的开采和冶炼以及新能源汽车的使用都涉及到环保的问题、童工问题、矿工就业条件的问题和收入合理分配的问题。此书对这些方面所涉及的法律和道义问题进行了深刻的探讨。

这本书是目前市面上唯一一本详细探讨新能源汽车所需要的电池以及各种矿产的书，十分难得。

三星兴盛，韩国为何依然落后

Samsung Rising: The Inside Story of the South Korean Giant That Set Out to Beat Apple and Conquer Tech

直译书名：《三星崛起：韩国巨头决心打败苹果、征服科技的内幕故事》

作者：杰弗里·凯恩（Geoffrey Cain）

三星集团是几十个相互持股的公司。在很多公司里面，李家拥有的股份都是单位数，有的甚至低于1%。但是，它是一个大生态，从电器、造船，到半导体、手机、医疗以及媒体、食品、零售。

由于这个生态圈在韩国经济中占有相当大的比重，而且有一些知名品牌，因此韩国老百姓很崇拜三星。年轻人以在此就业为荣，也有一些批评的人，但是批评者必须小心，因为三星集团势力巨大，如果你批评了他们，以后想再来三星找工作的话，就会有困难。三星集团实行的是严格的等级制度，半军事化管理，批评上级是一个很让人忌讳的事情。这是效率之所在，也是他们出现问题的根源，以及出问题之后处理不善的一个原因。下级只知道奉承上级，不肯指出问题，更不愿意批评上级。2016年当Galaxy Note 7手机爆炸之后，三星公司处理得非常失败。

太多的韩国人，特别是三星集团的员工把三星的产品等同于三星集团，把批评三星的产品当成批评三星集团，把批评三星集团当成批评韩国，大家心理负担太重。这让我联想某国小小科长出国的时候，俨然代表国家，这样就不能放松，一直到出大问题。

Galaxy Note 7手机曾经风靡全球、供不应求，媒体称赞有加。于是，当它出问题的时候，公司上下都不肯面对，只是抵赖、辩解，直到问题变得更严重，这个时候大家才知道品牌已经受到了巨大的伤害。公司上下把责任推到电池供应商身上。可是，真正的问题是由三星集团上上下下唯唯诺诺的文化导致的。

1983年，28岁的史蒂夫·乔布斯（Steve Jobs）正在创业初期，来到三星电子寻求零部件供应，与三星的创始人慷慨激昂。谁知道，二十多年以后，双方就知识产权问题（标识、设计和包装）在法院兵戎相见。在三星，李家被当作神一样对待，人们笑称三星共和国。

韩国的财阀与日本的贸易商社如出一辙，它们在国民经济中有着相当重要的地位。不过，韩国十大财阀的领袖中有6个曾经被判监禁，获历任总统不断豁免、释放，这也反映了韩国政治气氛的毒素。

跟日本的索尼一样，韩国三星的崛起在很大程度上是由于它启用了日本的设计师、美国的设计师、广告人员、管理人员、销售人员。比如，三星与一个教育机构共同设立的“三星创新设计实验室”起了很大的作用。

三星刚开始生产手机的时候，董事长给每个家属送了一部手机作为春节礼物，结果因为质量不好，很多人悄悄送还手机。董事长知道了，于是组织一场大会，烧毁了总值五千万美元的手机，让所有员工和家属受到了极大的刺激和羞辱。在公司内部，严厉的教训、批评羞辱是家常便饭。

董事长反复强调，在一个全球化的世界，光是在韩国第一，是没有意义的。三星如果想成为伟大的科技企业，必须征服欧美市场。

2010年，三星的律师（后来成了一个告密者）出版了一本回忆录，讲三星如何大肆贿赂政府官员。结果韩国的报纸既不肯做书评，甚至拒绝为这本书刊登广告。当然此书非常畅销。由于作者的告密，导致三星的董事长被送进监狱。

2005年，日本的索尼请了一个美国人霍华德·斯金格（Howard Stringer）做总公司的CEO。这对三星有很大的触动。他们加快了启用外国人的步伐，不过总部的韩国人与海外分支机构当地员工之间的相互猜疑或者不理解，一直是三星历史上成功、失败、再成功的一条主线。

为了挑战苹果手机，三星认真研究了百事可乐与可口可乐竞争的经验：如何夺取并占有一席之地？

2015年，三星家族提出将家族的私人公司与三星C&T合并，合并的作价不利于公众股东，美国对冲基金Elliot通过法律手段维权。可是，三星家族动用了国家情报机关和司法系统的力量，牺牲了国家社保基金的经济利益，还动用了公众媒体的力量大打广告，给小股东送小恩小惠。三星还煽动了反犹太人、反击对冲基金等情绪，用民族情绪来掩盖一个基本的事实，那就是这项交易完全是为了三星家族的私利，牺牲了公众利益。这个案件充分显示韩国虽然在经济上已经发达了，但是在社会、政治、司法等方面，它还是一个很狭隘的民族。

谈内地地产交易平台

《详谈：左晖》

作者：李翔

朋友送来的这本书，我没想到这么有趣。它给我们股票分析师带来了不小的压力。左晖是内地最大物业中介平台贝壳找房的创始人，于2021年5月因病逝世，享年50岁。这本2020年出版的书，内容是两个长长的访谈。作者做了很多功课，对行业和贝壳、链家都很了解，所以问题直截了当，水平一流，不吹捧。左晖回答问题不绕圈子。从访谈来看，他是一个相当轻松的人，不给自己添不必要的负担和焦虑，不摆架子。

我归纳一下几点收获，没有特别的顺序。他说，读书并没有那么重要，要学知识，但是实践中的学习更重要。

左晖说，房地产经纪人之所以没有感受到人们的尊重，主要是因为这个行业做得太差，也许还不配被人尊重。所以他的理想是改变这种状况。把事情做好了，才配人家的尊重。说起企业文化，他很赞同龙湖的吴亚军的说法，不要把企业当你的家，它不是。企业是有规矩的，家是无原则的。

我想起很多官员成天的“管卡压贪”（管制、卡关、打压及贪腐）。他们不会有自尊，因此也不配别人尊重。

左晖说，我们做的事情必须给自己带来愉悦感，而且是持续的愉悦感。比如，我读这本书和写这个书评就有愉悦感。

选择大于努力，选择什么行业呢？左晖说不能选已经过了山顶，正往下走的行业，比如现在的房地产行业、化工、原材料、多数制造业。

很多人讲企业文化、品牌形象，可是他们忘记了最重要的是内部管理，如果你的员工之间相互竞争，气氛有毒，办公室政治满天飞，谈什么企业文化、品牌形象呢？

关于IPO，左晖说多融点钱、少融点钱真的很重要吗？

贝壳生态系统的服务素质远不如链家。链家在前面带动着整个行业，包括贝壳。

互联网的房地产经纪行业之所以不成功是因为其线下能力不够，也就是基础能力不足。你要有管理十万人、几十万人的能力。

房地产买卖是一个消费频率低、购买决策长的“低频率消费”，可是我们中国人把它变成了高消费频率的事。我们应该站在客户的角度，不要怂恿大家买了卖，卖了再买。

另一个本来低调的行业是证券，可是也被我们做成了高调。证券从业者应该劝大家少买少卖，减少频率。可这是革自己的命。很多人做不到。

我问了香港地产经纪。他说香港跟内地一样，太多假房源。这就让顾客不信任。

跟亚马逊的贝佐斯说的是一样的，做生意不要花太多时间研究竞争者。要盯住你的客户。究竟你在业内第一，还是第二，并不重要。由此让我想起了美国西南航空公司老板的话："我们的主要生意不是从竞争者那里抢到的，而是我们新开辟的。我们把机票价格降到地板上，就把以前根本飞不起的那些人变成了客户。我们把蛋糕做大了，把分母变大了。"

内地的房地产经纪行业巨大。创业要去巨大的行业，而整个行业的服务素质又特别的低，只要做得稍微好一点，你就是赢家了。

左晖说，目前在租房和装修市场上，贝壳和链家还有很大的潜力。

他特别强调，作为一个管理者，你把企业从0做到1不难，但是从1做到10太难了。你需要抽象和画面想象的能力。如何把业务放大？如何在放大时保持效率、控制质量呢？这是创业者最重要的一个素质。

京东集团创始人还能够去踩三轮车，跟送货小哥们喝酒，但是左晖不行，他坐在经纪人的桌子上，毫无趣味，不知所措。

他是一个战略家和管理者。

不要招聘已经被坏的企业文化污染了的员工，自己重新培养。公司上下10万人、20万人必须有一个共同的行为标准。不要搞假房源，不要为难客户；同事之间要合作；避免个人英雄主义；每个人都把自己当成螺丝钉。海底捞的市场蛋糕绝对不如房地产经纪。

左晖说，整个行业都知道应该有一个房源字典和海量的资料，可是这需要巨大的投入，长期的投入。别人不愿意干，他愿意干。这是正确的事，困难的事。

这本书从头到尾没有讲“感恩什么人、远大理想”之类的话，很适合我的口味。此书跟华住酒店的季琦的书、360的周鸿祎的书齐名，虽然这是一本很薄的书。

当然在我眼中，所有中文财经书籍里面第一名还是易到用车创始人周航的书《重新理解创业》。这几本书我都写过书评。

如果一定要找两个缺点的话，李翔还应该有一章对贝壳的前途、商业模式以及估值做一点分析。另外，从环保的角度，如果这本书的字再小一点，空格少一点，书再薄一点，就更好了。

华住酒店王国的美好时光

《创始人手记：一个企业家的思想、工作与生活》

作者：季琦

我的偶像不少，内地旅游网携程创始人之一季琦算一个，而且他排在很前面。这本书的副标题是“一个企业家的思想、工作和生活”。

它确实分为三大板块，不过我只喜欢他谈工作的那个板块，在书的中间，占整本书三分之二的版面。他谈生命的真谛、艺术、愿景之类，我只是翻了一翻而已，因为我知道，反正我也读不懂。

他创办（和联合创办）的携程网、如家酒店和汉庭都很成功。他家境贫寒，1965年出生在农村，到了上海上大学，“每天饭也吃不饱，晚上还要去自修，觉得自己是个行尸走肉”，心情不免灰暗，怀疑人生的意义。这些我都非常熟悉。但他经商的创意却是罕见的，让人仰望的。

他和创业伙伴们把互联网思维引入了非常传统的两个行业：旅行社和酒店，并且迫使同行们一起，提高了这两个行业的整体水平。

他说，“作为一个IT人，来到酒店行业，第一感觉就是：我们IT人来打破常规的空间实在是太大了”，“传统的酒店行业充斥着虚荣，充斥着官僚主义。在我看来，IT行业没有这些。IT行业，从外表上看，就是T恤衫，短平头。谁有本事谁上，你搞不定我来”。

我一直误以为，酒店行业是鸡肋，但是季琦的经历和书告诉人们，这是一个大有可为的行业。他做酒店“生逢其时”，只是需要管理者的野心和精细化管理。我住过他的酒店，干净、简朴，并且便宜。

相反，很多五星级酒店在管理方面很落后。比如，我住浦东的某五星级酒店时，晚上11点钟我去前台办理入住，竟然等了半个多小时，原因是只有一个服务员，我排在第六位。我在很累很困的情况下，去跟大堂副经理抱怨，十分钟之后才增加人手。又如，香港的某五星级酒店竟然收取Wi-Fi费用，这让我很不愉快。另外还有不少五星级酒店，在大理石、水晶灯和其他方面铺张浪费的同时，不肯动脑筋做最简单的事，比如把厕所保持得干净一些，退房时更快一些。很多过分的服务其实让人不舒服，比如跟客人聊天。季琦反问，如果我正好悲伤，希望一个人再悲伤一会儿，你为何打扰我呢？

书中，季琦详细地解释他对这些问题的看法，以及应对措施。他还大谈如何节约采购瓶装水的成本，酒店的选址，房间的大小设计，为什么不安装浴盆，如何在几万人的公司里只管22个最高层，如何“给他们充分的阳光雨露”等等，都很有趣。这本书既是创业指南，又是励志经典。我读时，还享受了他的智慧之光。

批评：此书过度包装，既不环保，又有违季琦的简约风格。我买书之后的第一件事就是把书的两层封皮扔掉。

企业战略不是喊口号、订目标

Good Strategy / Bad Strategy: The Difference and Why It Matters

中文版书名：《好战略，坏战略》

作者：理查德·鲁梅尔特（Richard Rumelt）

这本书在我的书架上躺了五年，最近我终于分三天把它读完了。

非常好，看来我对战略和企管书的偏见是错的。

此书有理论，有案例。作者是加州大学洛杉矶分校的管理学教授，实战经验丰富。他把理论穿插在故事中，容易理解。

他多次强调，战略不是喊口号、订目标、下任务和企业愿景之类的空洞之物。做战略是对企业进行诊断，找到问题的症结，以及解决方案，然后集中火力去攻破它。战略也适用于政府部门、军队和学校等。

书中案例很多，其中两个我最喜欢。一是意大利电信公司的并购，二是美国环球电讯（Global Crossing）的疯狂和破产。

1998年，电讯行业很热门。意大利电信公司的新CEO在投资银行摩根士丹利的怂恿下，很想与另一个巨无霸、英国的大东电报局（Cable & Wireless）合并。但是，意大利电信公司的控股家族心里不踏实，也怕被CEO带错路，于是请了本书的作者当顾问，跟投行聊聊这个并购的战略意义。他们的对话很有趣。

教授：这个并购的逻辑是什么？

投行MD（董事总经理）：规模经济。

教授：但是这两个电讯公司的市场完全不一样，一个在意大利和周边国家，一个在英国、亚洲和拉美，哪里有什么规模经济可言？

投行MD：但是，意大利电信需要大东电报局把电信流量从拉美输到欧洲，而大东电报局有海底电缆，连接拉美和欧洲。

教授：为了传输拉美国家的电信流量，就去做一个五百亿美元的并购吗？为了给花园施肥，难道去收购一个牧场吗？两家电讯公司签一个业务合同，不就行了吗？

投行MD：你不明白。合并的逻辑不光是电讯传输，还有块头经济（Economies of Mass）的好处。

教授：什么叫块头经济？

投行MD：就是公司越大越好做事。块头大，合并后的现金流大，就可以做更大的并购。

教授：可是现在这两个公司的现金流已经很大，而且派不上好用场。它们的股价之所以疲软，就是因为资本市场担心它们无法找到好用场。合并之后的问题不是更大了吗？

后来，意大利电信公司的董事会拒绝了这个并购建议，也踢走了那个CEO。

第二个案例是环球电讯的故事。1997年，这个公司成立，铺设英美海底电缆，为电讯公司的国际语音和资料提供服务。创始人盖瑞·温尼克（Gary Winnick）融资7.5亿美元，铺了海底电缆，把一部分传输能力卖给了电讯公司，收入20亿美元，然后还净落得一个估值300亿美元的上市公司。当时股市发疯了，整个世界也发疯了，竟然看不到一个明显的事实：海底电缆其实是一个完全没有壁垒的生意，充分竞争，而且当时很多公司都在铺设欧美的海底电缆。不管资料和语音在未来怎么增长，产能过剩是无法避免的。

当时类似的公司的股价也都涨到了天上，比如，奎斯特通讯公司（Qwest）及世通公司（WorldCom）。当这个行业的股价持续高到常理无法解释的时候，人们就会发明新的理论来解释它，比如，不同的估值方法，以及难以量化的未来需求（互联网的资料或影像需要等）。1998年，雷曼兄弟公司的分析师在一份研究报告中，对未来几年海底电缆的供求做了十分深入和正确的分析，得出了严重过剩的结论。可是这怎么行呢？那个万能的、无所不知的股市显然不同意这样一个结论。怎么办？于是，分析师们开始不分青红皂白，用一些含糊和无法精准描述、更无法量化的因素支持了股市。

岂止雷曼兄弟公司的分析师？所有的人（本人当时也是分析师）也都干过类似的事情。

后来发生的事情都是历史了：这些公司的大股东都没有在大家冲昏头脑时套现走人，而是把自己也忽悠进去了。他们负债累累，越陷越深，有的破产，有的坐牢。有一点你必须承认，我们华夏的不少企业家还是更明智一些：他们一边唱好自己的公司，为自己的股票喊冤，一边减持，内外有别。

海底电缆不是什么高科技，更不是环球电讯的独有技术。随着技术进步，铺设海底电缆的成本迅速下降，产能大涨。这个标准化的产品叫大宗商品（commodity）。在充分竞争时，边际成本几乎为零，而产品的定价必须等于边际成本。而被严重夸大的互联网需要又没有像人们预料的那样增长，特别是国际性的流量并没有那么快的增长。

创业者如何从零到一

Zero to One: Notes on Startups, or How to Build the Future

中文版书名：《从0到1：开启商业与未来的秘密》

作者：彼得·蒂尔（Peter Theil），布莱克·马斯特斯（Blake Masters）

在我面前摆着一本小巧玲珑的英文书*Zero to One*。作者蒂尔是PayPal创始人之一，后来他还作为风险投资者投资了Facebook等。实战家写的书就是不一样！

在整本书中，他讲的都是如何创业，如何做风险投资。但是，我是带着股票投资者的眼光读这本书的，也很有意思。书中有几点，我想摘译出来跟朋友们分享。有些地方大家不见得认同。

1. 谎言。太多企业声称“我们是某某行业的第一名，拥有26%的市场份额”。比如，我们是中国西南地区锡纸包装的川式泡菜的第一名，或者，我们是东亚地区灰色纽扣直销厂商的第二名。这种小样本式的号称没有意义。相反地，真正的垄断者（比如谷歌、微软）生怕监管当局关注到它们的垄断地位。所以，它们故意放大它们所在行业的范围（即分母）。

2. 作者非常强调垄断地位（护城河）。投资一个没有垄断地位的公司，就是等死。恰好前几年爆出巴菲特2006年投资英国超市企业乐购（Tesco）大亏其钱的故事，我觉得巴菲特有时也忘记了他自己津津乐道的“护城河”理论。他以前多次说，零售和餐饮业不能碰，因为缺乏护城河，顾客叛逃的成本太低。

3. 仿冒无罪，跟踪也行，不过，你的产品一定要有革命性的改进：起码好10倍。否则，别做！因为消费者不值得听你的故事。如果你的产品比市场上已有的产品好20%—30%，这还不值得覆盖消费者的置换成本。

4. 如果一个行业（和企业）在下行，那多么便宜的估值都没有意义。如果一个企业有独到的技术，它未来5—7年的亏损都不可怕。重要的是它10年、20年后的江湖地位以及现金流。作者反复谈谷歌、亚马逊、Twitter以及Facebook为什么值钱的道理。作为投资者，“你必须朝远处看”，科技企业当然要有高增长率，但是，这不是问题的全部，甚至不是问题的重点。高速增长的客户群以及销售额本身没有意义，比如，团购网Groupon和凭农场游戏打出名堂的Zynga等公司曾经有很高的增长率，但是，团购的商家很快失去了兴趣，农场游戏的玩家们很快也厌倦了。你突然发现，你黔驴技穷了！

5. 拥有核心技术是企业成功的必要条件，但不是充分条件。没有比别人好十倍的核心技术，根本就是免谈。2008年以来，美国太阳能行业的全军覆没根源在于它们的产品没有十倍的改善，甚至根本没有改善！

6. 跟其他专家不同，作者强调创业企业必须寻找一个很小的行业，在那个行业中迅速成为垄断，然后再到周边寻找相关行业。比如，亚马逊先是霸占书籍的零售，然后音乐，然后其他产品。作者说，他很反感创业者说这样的话："你看，我们在某某行业的市场占有率还不到1%，所以增长空间巨大。"作者说，那99%市占率中的任何企业都可以要你的命！

7. 企业创办时的缺陷，永远无法事后弥补。

8. 酒香也怕巷子深。产品好，也要叫卖。

9. 创业者去见投资者时，最好不要西装领带。

10. 创业型企业的CEO的薪酬，不能超过10万美元。其余的部分应该是股票和期权。

11. 风险投资基金必须集中火力，不要"撒胡椒面"，即不要过于分散，没有重点。

12. 世界上还有很多没有解决的问题。不要认为创业没什么好做了。要敢想敢做：有什么有价值的公司还没有被创建？

捣乱硅谷的人：彼得·蒂尔

The Contrarian: Peter Thiel and Silicon Valley's Pursuit of Power

中文版书名：《逆势者：彼得·蒂尔传》

作者：马克斯·查夫金（Max Chafkin）

这本新书以PayPal创始人彼得·蒂尔为主线讲硅谷创业者和投资者的故事，以及他如何与美国前总统特朗普以及其他国会议员勾结，发财致富。表面上看蒂尔是一个自由派、无政府主义者，或者叫反对现行制度的捣乱者（anti-establishment bomb thrower），但是，他相当有心计。他所有做的事情都是从商业利益出发的。

他是德国移民，父亲是工程师。他父亲曾经被派到南非的一个铀矿担任工程师两年，所以蒂尔在那里读中学两年，然后他回到旧金山。他聪明过人，好胜心强，上了斯坦福大学，他成绩优异、性格怪僻。

他喜欢下棋，这也反映在他后来的生意和生活都是相当有算计的。在学校读本科和硕士的那些年，他一直是一个学生组织中的活跃分子。他创办并且主笔了一个叫《斯坦福评论》（*The Stanford Review*）的刊物。在人权、自由、种族等方面，他的观点当然是极右，但是他的很多理论和行为充满了矛盾。比如，他自己是同性恋者，这在某种意义上也许是一种反叛，当涉及到黑人、移民和穆斯林等问题时，他又似乎表现出白人主义倾向。

他做过7年律师，不成功。后来在瑞士信贷银行工作了两年，也马马虎虎。于是，他创立自己的投资公司，他创办PayPal，终于一炮成名。但是他对管理企业和人并没有兴趣，于是他把PayPal卖给eBay之后就辞职，继续经营投资。

他创办PayPal，曾经与特斯拉创始人马斯克的X.com在一起办公。后来他们都有困难，于是合并。由马斯克担任CEO，但是当马斯克在澳大利亚度蜜月的时候，蒂尔和他的铁杆兄弟们逼宫，迫使董事会罢免了马斯克，请回蒂尔当CEO。

虽然蒂尔在马斯克背后捅了刀子，但是后来他们俩竟然能够保持商业友谊。蒂尔还在关键时候投资了马斯克的太空探索技术公司SpaceX。足见二人为了商业利益，胸怀还算宽广。

2008年，美国金融危机来临前好几个月，蒂尔就已经有强烈的感觉。他觉得世界末日已经到来，资本市场会大跌。他写了洋洋万言书给他的有限合伙人（LP）投资者们。可是，他一直无法找到做空的方法，这是非常奇怪的。在犹豫之间，股市已经在下跌。他说，最好做空的股票应该是银行，因为美国的金融危机是由次贷的住房按揭引起的，可是他看银行这个板块已经跌了不少了，所以他不仅没有做空银行，反而买了大量的银行股票，为什么呢？因为他认为政府会拯救银行，那么银行股又会大涨。没想到这一战他大败。雷曼兄弟倒闭前后，银行板块又大跌了许多。一次大错，导致蒂尔又一次大错。后来在美国股市强烈反弹的时候，他手中不仅无货，而且他还处于做空状态。

在特朗普竞选美国总统的2016年，蒂尔高调支持特朗普。这反映了他的政治敏锐，也反映了他的商人手段。他因此得罪了硅谷圈的大量自由派人士、民主党人士。可是他获得的好处十分明显，他至少影响了四名国会议员的入选，他自己也当上了国家情报顾问委员会顾问，一时风头正劲。可是，2020年当特朗普竞选连任似乎无望的时候，蒂尔保持了与特朗普的相当距离。

美国一家媒体Gawker Media撰文披露蒂尔的同性恋事实，而且用语相当残酷。这一箭之仇，他一直记在心中。后来，终于有一个机会让他报仇。他私下出资，让该媒体的另外一个受害人跟这家媒体打官司，迫使这家媒体以及它的老板破产，这充分显示了蒂尔手段之凶狠毒辣。他对这家媒体为什么有深仇大恨？还有一个原因就是蒂尔的很多LP投资者都是中东的穆斯林投资公司。当媒体把蒂尔的同性恋事实公之于世之后，他认为中东国家很多投资者撤回了资金，因为在那些国家，同性恋是非法的。

蒂尔的财富集中在一家情报软件公司Palantir，虽然他在PayPal和Facebook等其他公司上也赚了很多钱。这家国防安全和情报软件公司虽然一直亏钱，但是规模比较大，而且估值非常高，现在市值300亿美元，蒂尔占20%的股份，而且他与另外两位朋友组成了一个信托，牢牢控制这家公司的投票权。

给蒂尔贴标签非常难，因为他性格中充满了矛盾，他的行为中也充满了矛盾，很难讲哪些事情是真实的他，哪些事情是他装出来的，一切都是为了利益，这是此书的结论。既然他是一个无政府主义派，那他的情报软件公司的主要客户又是美国的军方和美国中央情报局，这不是很矛盾吗？他还协助特朗普选举，并且在特朗普政府担任顾问。这不也是很矛盾吗？

此书虽然以蒂尔为主线，但是作者非常详细地讲解了他身边的人，比如马斯克、特朗普、领英联合创始人雷德·霍夫曼（Reid Hoffman）、红杉资本的合伙人及硅谷和美国政界各种人士等。

创业的中场检讨

《重新理解创业：一个创业者的途中思考》

作者：周航

霸菱PE公司的师少杰先生送给我这本书，我两天就读完了。作者周航是叫车平台易到用车的创始人，在此之前曾几次创业，现在他是一个投资者。全书都是通过他的个人经历来谈他对创业过程各个环节的思考，很适合创业者、投资者和分析师阅读。易读，有趣，容易唤起共鸣和开心一笑。三篇序言的作者（雷军、李开复和徐小平）也写得很真诚，绝非应景之作。

我的读书笔记如下。

前言：周航创办的易到用车最后被迫卖给了乐视。失败是个很大的打击，但是学习失败是为了坦然面对失败，解决失败，放下失败。硅谷的人说，失败是光荣的。

第一章：战略不是概念，不是“引领消费升级”之类的口号，而是要解决一个真实的需求。这个需求有三个标准：“强烈、普遍和频繁”。不是可有可无的需求，小众的或偶尔的。你要彻底放弃战略规划。战略必须简单至极，聚焦，常人也能实施。

第二章：竞争。先行者不要小看后来者、不要俯看任何人、不要老说别人的弱点。有时候竞争可能来自你完全想不到的地方。KPI（关键绩效指标）的个数越少越好。

第三章：品牌。不要跟消费者吹牛或讲空话。一定要讲人话，大白话：“现在叫车，5分钟到，仅需38元。”别谈愿景和虚无缥缈的东西。

第四章：流量价值=使用者数×时长×交易系数。有些流量有用，有些无用。千万不要为了增加一点广告收入而惹怒你的流量。例如，美图流量难变现、叫车软件就不宜有广告。

- 奢侈品的购买属于消费频率低、购买决策期长的低频消费，所以便宜的流量也很贵，因为转化率太低。
- 只有大众的、消费频率高的和低价的产品才值得买流量。
- 减价永远是互联网行业的最佳利器。
- 宜家为什么卖一元的冰激凌？这是低频消费场景的吸客技巧。
- 在后流量时代，口碑变得更加重要，线下门店也开始值得关注。

第五章：融资越多越好。千万不要说：“我现在不需要那么多钱。”胡说！坦白一点，你的小算盘其实是怕摊薄股份比例或者认为估值太低。别犯傻。即使你拥有公司股份的90%，如果公司做不大，有什么用？

估值1000亿，可是融不到几粒花生，有什么用？别让估值把你憋死了。多多地融资，小心翼翼地花。有困难，出声，寻求帮助，别死撑着。

第六章：领导力是你对别人的激励有多大。谁也学不了马云或者马化腾，走自己的路吧！你的领导力取决于你爱的边界。

第七章：创业者别把自己太当回事，要示弱，多责怪自己。

第八章：创业时当然是招聘身边的人，志趣相投的伙伴和对自己有信心的员工。你现在什么也没有，凭什么要人跟你跑？招聘是团队所有人的共同任务。新人和老人的矛盾可以通过长期透明的招聘方式来避免。

第九章：不论你的战略多么宏伟，一定要找一个小小的切入口。

丁点儿大的创业公司不要奢谈商业模式，解决实在的问题并且高速增长才是关键。如果业务发展速度太慢，你的战略一定有问题。团队可能会产生离心力。增速至关重要。

第十章：低谷十分正常，要抓紧融资，千万不要为了保存现金而把本来就需要做的事情停下来，不能偏安一隅，忘记了初心。在互联网行业，一定要做大众化的产品，不要做小众的产品，小众的地方没有前途。

第十一章：突破瓶颈。找一个最薄弱的地方和容易上量的环节突破，不要追求产品的全面或者完美。你如果同时追求供给方、需求方、连接及支付等等，你的IT团队会无力应付，最后你失去了时机，浪费了金钱。

第十二章：看清消费者的真实需求并且引领它。信息平台今日头条为什么成功？消费者并非真的需要知道那么多的天下大事，而且新浪新闻或者网易新闻早就可以满足读者对新闻的需求了。所以今日头条存在和迅速增长的真实原因是：大家需要打发无聊的时间！

现在，吃喝玩乐、衣食住行好像没什么痛点了，因为需求都满足得差不多了。但是你错了，你如果看到需求的本质，你就会发现很多商机，甚至唤醒新的需求。

创业在高速成长前的前提

Masters of Scale: Surprising Truths from the World's Most Successful Entrepreneurs

中文版书名：《高成长思维》

作者：里德·霍夫曼（Reid Hoffman），琼·科恩（June Cohen），德伦·特里夫（Deron Triff）

这本书的作者是身经百战、硕果累累的企业家和投资者，霍夫曼曾经是Paypal的高层和领英的联合创始人。

本书亦可以说是作者对自己的《闪电式扩张》（*Blitzscaling: The Lightning-Fast Path to Building Massively Valuable Companies*）那本书的修正，它着重谈创业企业必须高速成长，以及如何高速成长。归纳起来说，如果一个创业企业不能高速成长，那就不值得做，创业的成功就取决于高速成长。

这本书讲，高速成长要具备很多条件。首先，产品要打磨得像个样子，要非常清楚自己的战略。更重要的是，必须有好的团队。

早期的一百个甚至几百个员工，你都必须亲自面试、挑选。千万不要认为这太繁琐。

打造企业文化是需要时间和耐心的。表面上看起来，这些基础工作与高速成长相矛盾。可是，只有在十分牢固的基础上，你才能建造高楼大厦。他说，早期的基础工作包括打造“铁粉”，一百个铁粉好过一千个马马虎虎的用户，因为马马虎虎的用户随时都可能撤退。

书中有两个内容，我特别欣赏：

1. 当你问客户或者潜在客户和亲友如何看待你的创业主意以及产品的时候，他们的回答经常是误导的，有时候连独立机构的调查也同样具有误导性。为什么？首先，他们并没有认真考虑；其次，他们也许有顾虑。还有，当他们尚未使用一个产品的时候，连他们自己都不知道自己是否需要这个产品或者喜欢这个产品。所以，创业者要多一点怀疑心，要看客户和潜在客户究竟如何对待你的产品，而不是依赖他们的嘴巴。又比如，你问市民们：“我们需要盖一个歌剧院吗？”每个人都会说，“需要”。可是有几个人实际上去过歌剧院呢？

2. 关于产品加价。很多人在创业的时候，为了吸引客户，产品价格定得过低，或者优惠太多。这是不可持续的。当产品被市场接受了的时候，加价是必然的，也是必要的。比如网飞的订阅费，就加了好几次。客户可能咕咕哝哝，但是最终也是接受的，很少有人因为加价而真正退订；Paypal也遇到过同样的事情。在客户营销方面，它起初给的优惠，后来实际上就撤销了；亚马逊的Prime会员也加过几次价，交友网站Bumble加过价。加价与优秀的客户服务是不矛盾的。

中国人讲的苦口婆心和与员工的亲密关系，在一个创业企业也是特别重要的，特别是在早期。当然在公司长大了之后，高层亲民有难度，但也应该想办法与基层员工保持沟通。可以是电话留言，可以是群发的电邮，也可以是视频会议，总之，管理层怎么想的，千万要用非常诚恳的态度传递到基层，让大家劲儿往一处使。

创业靠的是技巧，而不是科学，别人的经验教训不一定适合你，所以这本书强调，不搞教条主义、要灵活，每个人以前学到的东西，都要愿意抛弃，重新学习。书中有一章谈创业企业何时推出自己的产品和战略：不能等到一切完好的时候，再推出去，因为对于创业来讲，最宝贵的是时间。有人说，你不是说要打磨产品吗？是的，产品永远要更新、反复运算、要改善，但是赢得时间和实际用户的实时反馈更重要。

显然，你不可以推出一个产品，伤了客户；或者导致灾难性的回馈，但是犹豫太久，会耽误机会。书中介绍了一个有趣的概念，叫MVP（Minimum Viable Product，最简化可实行产品），也就是说，当你的产品过得去的时候你就赶紧推出来，让客户体验、反馈，你赶紧修改。

书中讲了作者的工作经验和教训，也谈了星巴克（Starbucks）的文化建设以及苹果的产品营销。此书关于创业的例子非常多。有些地方显得啰唆和缺乏关联，关于文化建设和公益，讲得特别啰唆。好在此书语言精练，易读。

创业中遇到九曲十八弯，很正常，战略要调整，产品要敢于抛弃。作者说，如果一个产品完全是失败的，那么大家还比较容易抛弃，就怕一个温吞吞的产品，不好也不坏，结果你患得患失，浪费很多时间之后才痛下决心。记住：食之无味，弃之可惜，这是创业者要十分关注的问题。当你发现自己的产品或者战略是错误的时候，一定不要死抠；要掉转枪口，节约时间和资源，英语叫pivot（转向）。

做真实的事，不炒波段

The Infinite Game

中文版书名：《无限的游戏》

作者：西蒙 · 斯涅克（Simon Sinek）

人们经常说，在人生的不同阶段，我们所追求的东西是不一样的。我也深受这个观点的影响。但这本书说，人生不能炒波段，就像买股票不能炒波段，职业生涯不能炒波段一样，企业的管理也不能炒波段。

如果你投资了一个好公司，炒了波段之后又怎样呢？踩空了怎么办？卖掉了之后是否能找到一个更好的企业呢？管理一家公司，也是一样的：股价升上去了又怎样？市场份额最大又怎样？你的产品最厉害又怎样？所以必须以持续的、平衡的心态来做事。

作者强调，如果你创业，或者管理一个已经有些历史的公司，你必须有一个真实的、正义的目标。不是伪造的目标，而是真实的目标。你必须画一个大饼，并且越大越好。但要解释得非常清楚，必须让远在千里之外的人跟随而来。凭什么人家要加入你的公司？凭什么要为你卖命、长期为你卖命、不惜一切地为你卖命？你的事业必须是正义的。你的方法必须是让人兴奋的。

你必须有自我牺牲精神。这本书的作者写过另外一本书，书名叫《团队领导最后吃饭》（*Leaders Eat Last: Why Some Teams Pull Together and Others Don't*），让兄弟们先吃，领导留最后，这本书也贯穿了这样的思想。

我感觉到，几乎所有企业的愿景都太虚、太空、太假，不能够起召唤的作用。有些写得很具体，但是跟员工又有什么关系呢？

书中讲了CVS，美国一间连锁药店，它主动宣布不再卖烟，因为烟是不健康的。因此，它失去了很多生意，少赚了很多钱。但是它站在了道德高地，获得的好处更大。

这本书虽然不长，但是后半部分有点拖泥带水。如果能砍掉1/4，那就太好了，不过它的后记不错。

美国的长臂管辖

Le Piège Américain

中文版书名：《美国陷阱》

作者：弗雷德里克·皮耶鲁齐（Frédéric Pierucci），马修·阿伦（Matthieu Aron）

作者皮耶鲁齐曾是法国大公司阿尔斯通（Alstom）的三大业务之一（锅炉业务部）的主管。2003至2005年为了获得印尼一个电厂设备的订单，他参与了公司对印尼议员的贿赂。美国联邦调查局（FBI）调查多年之后，在2013年逮捕了皮耶鲁齐。随后的关押、审判、谈判、转折和绝望就是本书的内容，它惊险又让人大开眼界。

有几件事值得一提：

1. 作者坦承，在整个欧洲商界，行贿是系统性的、制度化的，他只是成建制的执行者之一，不大不小。每年，法国企业甚至向财政部提交一份"特别费用"清单，以便在国际招标中经由中间人向当地官员行贿，见此书中文版的第40至41页。在阿尔斯通，聘一个中间人需要13个干部签字认可。

2. 美国标榜司法独立，但是常常用美国的霸权地位刺探外国企业的经济情报，用抓捕外国企业高管、惩罚外国企业等办法消灭外国企业。它在美国通用电气（GE）收购阿尔斯通的能源板块中发挥了决定性的作用。

3. 美国司法很黑、很残酷。

4. 美国的长臂管辖（long-arm jurisdiction）几乎覆盖全球每个角落，只要你与美国有一丝关联，包括你的企业在美国上市、你使用了美元、使用美国的邮箱，你就受到美国《海外反腐败法》的约束。

我不同意作者的部分分析。

1. 他拿出一些数据来批评美国的长臂管辖偏袒美国企业，而瞄准了外国企业，但是他同时也承认，在欧洲，贿赂早就根深蒂固。美国的长臂管辖也不是一无是处，它对世界商界文化的净化也有用处。

2. 美国司法部究竟有没有跟GE串通，并协助GE收购阿尔斯通的能源板块，作者并未拿出证据，而只是通过各种巧合来推测。而且GE后来发现自己因为此项收购而亏大了，这项一百多亿美元的资产几乎全部减值了。所以，“赢家的诅咒”又显灵了，GE做了冤大头。

3. 作者受了几年牢狱之罪，固然值得同情，而且他在阿尔斯通的前老板们至今逍遥法外也确实不公平，但是这并不等于作者没罪。

我希望专门夸奖一下中文版的译者：译得很通顺。谢谢。

Part 3

第三部分

关于经济与金融

如何应对当今世界经济困局

The Holy Grail of Macroeconomics: Lessons From Japan's Great Recession

中文版书名：《大衰退：宏观经济学的圣杯》

作者：辜朝明（Richard C. Koo）

这是一本是很有意思的旧书，它是野村证券的辜朝明2009年写的《大衰退：宏观经济学的圣杯》，讲述1990年以来，日本的“资产负债表衰退”，并且把这个概念应用到美国的1929至1931年的大萧条，以及今天的世界。

作者说，日本在1990年以前，经济腾飞，人民信心爆棚、负债过高，炒楼、炒股和做生意。但是，当1990年房地产和股市崩盘之后，他们马上发现自己要么是“负资产”，要么并没有很多钱。为了保全身价，大家纷纷减债。不管利率多低，银行多么殷勤，绝不再借，能归还的债务马上归还。这个过程用了十多年的时间才完成，而且很多人的“野兽精神”也被打掉了，心有余悸，不敢再随便借钱投资炒这个炒那个的。

在这种情况下，货币政策没有任何意义。降准降息和巴结借款人等，都没有用。大家一门心思减债。由于企业亏损可以在未来7年用利润抵扣，由于股市、楼市投机的减少，政府税收的减少必然大于GDP的下降幅度。

1990至2005年的15年时间里，日本的名义GDP累计增长了13%，但是，税收收入却从61万亿日元下降到49万亿日元！

所以，财政赤字一定严重。国际货币基金组织（IMF）、经济合作与发展组织（OECD）以及各国专家们纷纷出坏主意，建议日本加税，平衡预算。还有很多人建议“结构性改革”。但作者辜先生认为，这些人全是胡说八道！

这时，财政应该更加进取！这个时候不发生赤字，难道经济兴旺的时候发生赤字吗？财政需要进取的另外一个原因是，货币政策在这个时候已经被废掉了。（你可以用绳子拉东西，但是不能用绳子推东西。）

辜先生声称，他不是凯恩斯主义者。他只是在发生“资产负债表衰退”时，才建议加大财政的力度，而普通的经济萧条可以用货币政策来解决。

经济上升时，货币在增长，因为信贷有衍生的倍数。但是，在资产价格大跌时，大家为了保全身价，尽量减债，这就发生了“信贷的倍数下降”。如何应对？只有财政支出才可以抵消这种螺旋式下降。

减税的效果不明显，因为，人们会用减税的好处去减债。但是，加税显然不行。

有些政府希望盯住消费物价指数（CPI）来调控经济，结果很失败。比如，1990年日本资产价格崩溃，但是，一直到1993年日本还有通胀。通胀并不代表股票和房地产的价格没有下跌。人们纷纷减债时，根本不看通胀指标，而是看资产价格。

那1990至2005年的15年，是财政把日本救出来的。很多人反问，财政刺激那么凶，为什么日本经济停顿了15年？但是，如果没有财政刺激，日本经济会出现严重收缩！

关于美国的1929至1931年的大萧条，辜先生的数据也显示，状况跟日本的1990至2005年相似。“信贷的倍数下降”是根本问题。美联储虽然大力扶持，但是，效果不明显。

我本人的看法：现在全世界（包括中国）政府都是负债累累。很多人得出结论，这些债永远无法偿还。多新鲜啦！我看有些国家会用通胀把负债消灭，还有些国家会等到某个时候一笔勾销，或者央行买单，接货。另外，希腊一个小国，经济不振，也没有高科技，它欠下的欧盟各国和IMF的巨债显然只有一笔勾销，大家还在谈判来，谈判去，不是浪费时间吗？中国如果出现资产价格崩盘，真不知道多少人（和企业）会变成“负资产”。我们会不会出现日本的情况？

辜朝明创造的“资产负债表衰退”

The Other Half of Macroeconomics and the Fate of Globalization

中文版书名：《大衰退年代：宏观经济学的另一半与全球化的宿命》

作者：辜朝明（Richard C. Koo）

2009年，野村证券的辜朝明创造“资产负债表衰退”一词，并用它来解释为什么在利率极低时，日本人和企业不借钱、不投资，因为他们忙于修复自己的资产负债表，不断减债，而且投资机会也很有限。现在他把这个概念用来解释欧美经济，为什么银行越处理坏账，坏账率反而越高，经济越萧条。

他还讲，发达国家过了“刘易斯拐点”，即农村劳动力从过剩转向短缺之后，再没有农村的便宜劳动力被吸收。

在拐点之前，贫富悬殊非常严重，这也是共产思潮不断兴起的原因；可是过了拐点之后，工人的讨价还价的余地增加，工资增长的幅度高于资本回报的增长。这个时候，新兴市场的国家紧追上来。这就是日本追美国、韩国追日本和中国追发达国家的一个过程。

辜朝明认为中国在2012年就过了刘易斯拐点，这一点我是不同意的。我认为中国吸收便宜劳动力的过程还要持续相当长的时间，也许20年。我们还太穷，农村劳动力还太多。

对于中美贸易关系，他讲了很多内地学者和媒体从来不讲的背景和道理，值得大家看一看。

经济学家没有预测到1929年的大危机，也没有预测到2008年的大危机、亚洲金融危机、希腊和西班牙的债务危机，所以让人相当失望。最近，英国《经济学家》杂志也在连载经济学领域的诸多失败。失业率很低的美国为什么工资升不上去？通货膨胀与就业的关系，以及利率水平极低，究竟有什么样的长期影响？政府应该怎么办？经济学家们在面对大量无法解释的问题时，就用一个非常笼统的词——“结构性改革”来掩饰。可是，能不能来点实际的东西？

经济学家们公说公有理，婆说婆有理。各说各话的状态有点像占星术，也像社会学、政治学，这也是这个行业为什么不受尊重的原因。大量的学者躲在数学方程式里面，还有更多的人在空谈。

在亚洲金融危机的时候，传统经济学，特别是国际货币基金组织在亚洲的银行倒闭、企业破产、千万人失业的时候，还要各国政府收紧财政赤字、严格执行货币紧缩政策，提高利率，结果越搞越糟糕，这是经济学失去公信力的第一步。第二步就是2008年，经济学家们不仅没有预测到危机，也没有任何招数。

欧美人民和企业借钱的欲望低迷，也许可以用中国的办法来解决？中国的投资机会其实也很有限，但是借贷欲望一直非常强烈，是不是因为可以赖账呢？

日本的经济现状：人口下降何所惧

Bending Adversity: Japan and the Art of Survival

中文版书名：《日本：生存的艺术》

作者：戴维 · 皮林（David Pilling）

由《金融时报》（*Financial Times*）主编戴维·皮林操刀的这本书，书名是《日本：生存的艺术》（*Bending Adversity: Japan and the Art of Survival*）。我特别欣赏它对经济问题的“中庸”分析。一句话归纳，“日本的经济和社会现状都挺好的”。

我摘录几段，并做点评。

1. 日本文化基本源于中国。但是，从18世纪开始，由于当时的中国太落后，日本与中国文化脱钩，学习西洋。在此过程中，日本人需要发明和“制造”一个独特的日本文化。通过一代又一代的教育和洗脑，日本人有了根深蒂固的观念，“日本就是不同，就是优越”。

在书中，皮林讽刺了一位臭名昭著的日本教授的研究结论：日本人用左边的脑袋听钟声，听昆虫的鸣叫甚至呼噜声，这跟西方人不同。皮林还讽刺另一位日本学者。这位学者在书中描述，一位美国教授访问日本，当他听到蟋蟀之声时，便问：“这是什么声音？”日本学者回应：“天哪！你竟然不知道这是音乐！每个日本人都知道这是音乐！深秋时节，蟋蟀婉叹，寒冬将至，哀哉！日本人哀生命之短促。天哪，日本怎么会在二战中败给美国！”

很多日本人强调，“日本人没有边界”。皮林永远没有搞懂，这是什么意思。在日本，故弄玄虚者众。他还说，日本人大多不会讲英文，在他们“含蓄、深奥和高深莫测”的背后是空洞。一旦他们会讲英文，你立刻发现，原来此君什么也不知道。很多日本人声称：“外国人永远无法理解日本。你试都不用试。再过四到五年，如果你发现你根本不懂日本人，那么你就开始懂了！”

我联想到格林斯潘仍在任美联储主席时，在如日中天时的得意和故弄玄虚：“如果你认为你理解了我的政策意图，那你一定是误解了！”

2. 在学习西方人的过程中，日本人骨子里的野蛮得到了煽动和发挥，这是日本整个侵略性的源头。几百年里，西方人在全球屠杀，抢劫，殖民和传教。日本人很快学到了这一套。弱肉强食就是这么简单。

3. 作者采访日本甲级战犯东条英机的外孙女的整个过程，很值得一读。她的辩解不管多么荒谬，对于了解日本一部分人（可能不小的一部分），可能有帮助。

4. 日本经济越来越内向吗？非也！120万日本人住在外国，光在中国就有14万日本人，这比1990年的数字多了一倍。在日本，外国人多达200万，也比20年前多了一倍。

5. 长期以来，大量肤浅文章嘲笑日本浪费了过去20年，但是你认真分析一下，其实日本即使在最近20年，也相当不错。你要看剔除通胀以后的真实增长，再把人口变化考虑进去。今天，日本的物价水平（从报纸到理发，从住房到寿司）相当于1981年的水平！有些国家大谈“人口红利”，但是每个居民的真实福利的改善远不如宏观数字好看。英美两国在过去20年一直嘲笑日本浪费了20年，但是，把人口和通胀排除，用1989年为基数100，日本2013年的真实人均收入为127、美国为137、英国为144。差距并不太大。在近期的10年（2002—2012年）间，以真实的人均收入为指标，日本甚至跑赢了英美。

今天，日本依然是世界上第三大经济体，相当于英法之和，或者印度的三倍。

6. 有一派认为，日本在过去20年做了大量的痛苦调整和反思。干吗老是跟别的国家比排名？日本不需要做第2大、第10大或者第15大经济体。未来20年，日本将是一个“很枯燥，很不激动人心的，很富有的国家，相当一个巨大的瑞士！这有什么不好？”。很多国家有GDP增长，但是由于增长质量低，因此没有财富。人民健康，犯罪率低，居住环境好，这些难道不重要吗？物价下跌有什么不好？难道你希望钞票发毛吗？

7. 人口老龄化、人口下降没什么不好。1960年以来，巴基斯坦的人口增长了4倍，几乎达到2亿，这跟生活质量有正面相关吗？印度、孟加拉、菲律宾、印尼、尼日利亚、埃及的人口增长都很迅速。这种人口红利，你不害怕吗？

8. 很多人耸人听闻，说日本政府的债务太高，会马上崩溃。但是，标准普尔和穆迪等评级机构调低日本政府的债务评级，但债券不跌反涨。为什么？日本政府91%的债务是欠本国国民的。主权国家有一万种办法解决这个问题，听说过印钞票和征税吗？另外，日本还有大量的海外资产。

千疮百孔的经济学

Misbehaving: The Making of Behavioral Economics

中文版书名：《"错误"的行为：行为经济学的形成》

作者：理查德·塞勒（Richard Thaler）

此书作者是2017年诺贝尔经济学奖得主、芝加哥大学教授塞勒。我读完了这本书的中译本，中文版译者王晋的翻译值得赞赏。

直到一百多年前，经济学还只是一些智者的零星观察而已，不成系统，不成理论，也不严谨。后来一些学者对商品价格的形成、消费者需求、效用及在一定条件下的消费决策做了一些研究，很牵强地把它叫作微观经济学。

再后来，人们把它用来分析国家和经济，是为宏观经济学。但是，这两个分支都是千疮百孔，特别是宏观经济学。

当然，其他学科的人们一直不太瞧得起经济学。为了获得尊重，经济学引入了数学方程式和计量模型，但是，一次又一次在经济转折关头上，经济学还是被证明完全不中用。美联储的前主席格林斯潘一生都是以建模和预测自诩的。但是在他退休后的第二本书《动荡的世界：风险、人性与未来的前景》（*The Map and the Territory*）中，绕着弯儿承认这些宏观经济学的模型其实没有什么用处。

他的下一任主席本·伯南克（Ben Bernanke）就更加谦虚了，他直言，经济学对于解释历史事件还是有用的，不过，它对于预测未来嘛，就不太灵了。

几十年来，塞勒之流不断指出一些怪异的经济现象，比如消费者不理性，股价不听话等等。这就让那些已经在经济学界盘踞霸主地位的诸神们十分光火，不断打压。

可惜，正统的经济学一次又一次地不给力，这也就让叛军首领（行为经济学的重要代表人物塞勒）获得了2017年的诺贝尔经济学奖。

可是，你问我：究竟什么是行为经济学？我只能说，它就是正统经济学与心理学的杂交，它还不能算是一门学科，它不系统，也没有一个明确的建树，它只是提醒大家注意经济学的千疮百孔而已。

塞勒的这本书特别适合于读过西方经济学的人们：它讲述了这个不叫学科的学科的演变。它描述的西方大学的岁月很有趣。至于书中列举的诸多例子和怪象，我觉得没有太多意思。我们A股市场的人们、中国某些卖狗皮膏药的专家们、汽车抵押贷款和P2P市场的人们可以给出更多更精彩的例子。

世界为何追捧“美元陷阱”

The Dollar Trap: How the U.S. Dollar Tightened Its Grip on Global Finance

中文版书名：《美元陷阱》

作者：埃斯瓦尔 · S. 普拉萨德（Eswar S. Prasad）

这是一本理性但残忍的书。作者埃斯瓦尔·S. 普拉萨德是康奈尔大学教授，曾经在国际货币基金组织（IMF）驻中国代表处工作，书中涉及中国的地方很多。

断断续续几个月，我才读完它，昨天我又温习了一遍。书的中心思想是：美国的问题非常多，但是，别国不争气，不自信，所以，大家还是打破脑袋支持美国。美元是世界货币的转盘得以运转的连接器；美元是美国霸主地位的核心代表；美元是一种永续的税，美国政府征收本国人，也征收外国人；越有动荡，美元越是受到追捧；美国的债务可以用更多的美元来归还；印钞不累。

2011至2013年，诸多发展中国家的官员（巴西、智利及印度等）

纷纷抗议，“美国的量化宽松是一个阴谋，目的是把美元压低，刺激美国出口。世界货币战争一触即发”。但是，你看看今天：世界上最坚挺的货币还是美元，而发展中国家的货币，甚至欧元、英镑都跌得一塌糊涂。后来，有些国家又在抗议，“美国6至9月（2014年）退出量化宽松，对新兴市场是个巨大的风险。我们发展中国家的货币会遭到抛售，因为资本会大量流到利率上升的美国去”。印度储备银行前任行长拉今（Ranjin）就多次抱怨美联储制定政策时“不考虑别国”。

回到此书中列举的四个例子，说明美国差劲，但别国不争气、不自信。美元和美债反而成了安全岛：

1. 2007至2008年，美国次贷危机，天几乎要塌下来了。美国很多银行倒闭或者垂死挣扎。理所当然，美元应该大贬，美债应该大跌。很多聪明人，包括人称“商品大王”的罗杰斯（Jim Rogers）也这样认为，并且做空美元。但是，美元大涨，美债价格也大涨，做空者断了胳膊而退。

2. 2009至2010年，希腊危机。美元、美债大涨。

3. 2011年，奥巴马政府与共和党控制的国会就预算赤字进行较量，导致政府几次瘫痪。标准普尔（S&P）破天荒调低美国政府债务评级。但是，美债和美元照样上扬。

4. 2012年底，美国政府与国会再摆擂台，出现“财政悬崖”。但是，世界人民再次用钱投票，投美国的支持票。

在书中，作者专门就一个多年来的现象进行分析：为什么资本从穷国流向富国？穷国为什么补贴富国？学者们多年来并没有让人信服，他们给出的原因无非是：穷国没有财产保护，实体经济用不掉那么多资金，穷国的资本市场混乱和不可靠等等。

此书有一章专门讲作者在IMF的中国代表处工作时跟中国人民银行打交道的故事，我还是留给大家自己去读，此书有不少好的分析。

不过，有一处我很不满意。他说，流通中的美钞（和美元）在2013年3月份大约为1.18万亿美元，三分之二在美国以外。如果美国通胀每年2%，等于美国政府向外国人每年征收了150亿美元的税收。

我对这个计算很不满意。首先，全部的美钞（和美元）其实都是美国政府税收收入，而不光是每年2%的贬值部分。为什么？整个流通中的美钞（美元）都是永远不需要归还的。它无限滚动，直到永远。

其次，现代经济中，铸币税不光只对现金。其实整个货币供应量的各个组成部分的功能都是一样的，现金和存款并没有实质区别。如果你计算外国人持有的整个债权（包括存款和债券），那么外国人、外国政府缴纳给美国的税收就更多了。

让本国货币成为国际（储备）货币究竟是好事，还是坏事，从来就有争议。北大教授迈克尔·佩蒂斯（Michael Pettis）认为这是一个巨大的负担。但也有人（包括鄙人）认为是大好事，我认为，本国货币成为国际计量货币和储备货币的过程就是逼迫一个国家实行开放、透明和法治的过程。

如果你做不到开放、透明和法治，你求别国使用你的货币，别国也不敢。反过来，只要你做到了这几点，你的货币必然是一个国际计量货币和国际储备货币。

中国人必须纠正重商主义：出口是好事，进口是坏事；贸易顺差是好事，逆差是坏事。要想人民币成为国际货币，中国必须长期地、大量地产生贸易逆差。否则，外国人怎么可能手持大量的人民币呢？

财赤不仅可行，而且必要

The Deficit Myth: Modern Monetary Theory and the Birth of the People's Economy

中文版书名：《赤字迷思：现代货币理论与如何更好地发展经济》

作者：斯蒂芬妮·凯尔顿（Stephanie Kelton）

这本书2020年推出后已经风行了一年多，作者凯尔顿曾是美国民主党经济幕僚，她在这本解构“财赤迷思”的书中的核心观点是，国家的预算和家庭的预算是完全不一样的，家庭必须量入为出，可是主权国家有完全不一样的逻辑。长期以来，各国政府的运转前提都是：教育、医疗、军事样样支出都必须具有资金来源，可是在一个社会中，家庭和企业一般都是有储蓄的，因此，这个闲置的资源就是政府支出的前提。严格地说，政府支出不需要考虑资金来源，主权国家可以脱离税收，任意花钱，这就是金本位与现代货币制度的根本区别。金本位已经过去这么多年，可是，人们的思维还没有进化到现代货币制度。

美国的财政赤字或者国债年复一年地增加，政客们、学者们、普通人们、记者们不断用漫画、图表和文章攻击这种现象，发出各种呼叫和呼吁：天塌下来了！危机随时到来！量入为出吧！可是美国经济依然强劲。

为什么呢？大家心里和嘴巴上说，要坚持负责任的财政政策，可是实际行动上做不到。民主制度下增加支出的要求和不断抵消经济疲软的压力，被迫把国债不断推向新的高峰。

美国在历史上只有过七次财政盈余，而这七次都导致经济的衰退和大萧条，为什么？因为政府有盈余就是对有效需求的萎缩；在家庭和企业必然有储蓄的时候，如果政府也勒紧腰带，那产生经济大萧条是必然的。

这本书浅显易读。不愿意花太多时间读这本书的人可以在YouTube听作者的几次演讲。她把书的逻辑解释得非常清楚。为什么希腊和东南亚国家都因为财政不谨慎而产生危机呢？作者说，那是因为它们欠了太多的外债。希腊欠的是欧元债，主要是德国银行和法国银行的外债，这就是危机的源头，内债根本不是问题。

至于美国欠中国一万亿外债，这根本不是问题，因为对美国来说，美国随时可以用新的电子货币或者钞票归还中国的钱。

关于政府财政赤字和国债的问题，大家问的问题根本就是错的。

正确的问题是这两个：

第一，会不会产生额外的通货膨胀？

第二，会不会导致社会更加不公平？

为了避免额外的通货膨胀，包括资产价格的膨胀，政府财政赤字应该比较适度，用到能够产生效益的地方，也就是说不要导致工资的暴涨或者原材料、制成品的价格暴涨。政府应该做个判断，经济中还有多少未被利用的资源?

第二，关于政府财政支出所产生的新需求，可以通过转移支付的办法，保证低收入人群得益。

作者拒不谈另外一个问题，那就是，由于美元的世界霸权地位，美国的通胀压力是全世界分担的（特别是中、印、日、韩等持有美元储备最多的国家）。因此，美元的霸主地位给了美国额外的印钞票的空间。美国的霸权是其他国家抬轿子的结果。

世界上的穷国应该醒悟过来，让自己的货币随时可兑换、可流通，避免依靠美元，也试图把自己的一部分通胀压力释放出去。心甘情愿做美元平台上的小商户是很可悲的。

银行两面不是人

Sabotage: The Business of Finance

中文版书名：《金融创新的真相》

作者：阿纳斯塔西娅·内斯维索娃（Anastasia Nesvetailova），罗内·帕兰（Ronen Palan）

这是伦敦城市大学两个学者的新书。他们把过去三四十年以来的金融创新做了一个归纳，从衍生工具到并购，再到P2P和加密货币。本书的中心思想是：金融创新破坏性严重，而且并不创造经济价值，只是零和游戏。这一点我是完全不能同意的，因为金融创新是推动效率提高、创造需求、满足需求的必经之路。

银行作为一个经济板块，如果不创新，全世界人们又会骂我们，说我们偷懒、不思进取；如果我们创新，那必然会抢夺竞争者的地盘、为竞争对手设置陷阱。当然，市场总会有新的需求出现，也就是说蛋糕会变大。事实上每一年金融体系的体量都是在增加的。

作者问，为什么金融体系出现了这么多的相互破坏和颠覆之后，还是这么利润丰厚？这个批评其实有一点微弱，因为金融体系的利润率，比如净资产回报率，在过去20年、30年一直在下滑。虽然其他行业的收益率也在下滑。

这本书最大的优点是：它是学者们写的，没有既得利益的考虑，而且相当通俗易懂。书中涉及很多大家知道的案例，比如美国国际集团（AIG）的破产危机、德意志银行的失败、高盛集团欺负利比亚政府、苏格兰皇家银行收购荷兰银行等等。

此书有一个缺点：作者并没有分析为什么银行的收益率一直下降，为什么金融体系作为一个整体来看资本长期过剩。而事实上相互破坏、相互捣乱以及各种衍生工具泛滥的根本原因就是金融业产能过剩。可是为什么产能过剩呢？作者如果对这件事情做了分析，那就太棒了。

房子绑架了美国

Shaky Ground: The Strange Saga of the US Mortgage Giants

直译书名：《摇摇欲坠：美国抵押贷款巨头的传奇》

作者：伯大尼 · 麦克莱恩（Bethany McLean）

美国次贷危机距今已经超过10年了，它的发源地是两个为住宅按揭贷款提供担保的上市公司：房利美（Fannie Mae）和房贷美（Freddie Mac）。它们成立于20世纪30年代的大萧条之后，使命是为人们提供廉价和长期的按揭贷款。

30年期的固定利率按揭贷款在政客和房地产行业的利益集团的包装下成了美国人民的人权，就像持枪一样。许多智者批评这种贷款对借贷双方的风险都太大，特别是对金融机构。“两房”作为按揭贷款的担保者，收取的担保费从2009年的0.21%升至2014年的0.63%。鉴于坏账比例之高，这个担保费率明显过低。

作者认为，“两房”的存在压低了按揭贷款的利率，并使银行的按揭贷款可以移出资产负债表，这就推高了房价。“两房”以及美国政府冠冕堂皇的口号是为老百姓的置业提供长期和便宜的融资，可是如果它们确实人为地抬高了房价的话，那不是正好伤害了未来的置业者吗?

现在，美国人民的住宅拥有率约为64%，与证券化刚出现的20世纪80年代初期相近。人口流动性增加、贫富差距拉大和生活方式的改变，意味着这个比例难以再增长。

金融机构当然希望放款给优质客户，可是，如果优质客户都有了房子以后，怎么办?只能慢慢降低贷款标准，于是次贷和更多的次贷必然大行其道。

其实，从一个全周期来看，按揭贷款也并不是特别好的一个生意。穆迪说，截至2013年底，美国按揭贷款的坏账率最低的竟然是“两房”的2.7%，其次是商业银行的5.8%，最差的是专业性的按揭贷款公司，有23%！如果没有大量的本国和外国债券投资者接火棒，不知道这些比例会怎样。

美国历界政客和官员一直把“两房”当作亲民和拉选票的平台。房地产行业及其上下游的利益集团也把它们用到了极致。“为人民(的住宅)服务”，这话能够错到哪里去?

2008年前，“两房”虽然是百分之百的私营企业，但是一直享受着议会和政府的呵护和隐性担保。作为特种的批发性金融机构，它们在海内外用超低利率(仅次于美国国债)发行债券，大宗购买商业银行和其他按揭机构发放的住房按揭贷款，并制造成衍生产品卖给世界上各种人和机构(包括外国央行)。后来，美国投资银行直接批量生产这种衍生工具，“两房”也就成了最大的购买者之一。

坏账太多当然是2008年“两房”破产和金融危机的唯一原因。如果没有坏账，衍生工具本身无法带来危机。2008年美国政府被迫把“两房”国有化，成了占股79.9%的股东，把控股比例控制在80%以下的原因是为了避免联邦政府账目合并，使得联邦政府的赤字和负债显得过大。20%的小股东们既无权也无利，因此“两房”的股价几乎为零。

2008年，“两房”的总负债为5.2万亿美元，而资本金只有840亿美元（即相当于总负债的1.62%）。近10年来，美国朝野众口一辞：必须想办法消灭“两房”。但是谁也拿不出一个办法，它们太大了，万亿美元的“两房”债券和日常工作谁来承接?

如果说，美国的房地产市场是“两房”撑起来的，那么中国的房地产是靠什么撑起来的?

小银行、小信贷的根本缺陷

S & L Hell: The People and the Politics Behind the $1 Trillion Savings and Loan Scandal

直译书名：《储蓄银行是地狱：1万亿美元储蓄和贷款丑闻背后的人民和政治》

作者：凯萨琳·戴（Kathleen Day）

我读过这本书，《储蓄银行是地狱》。读完这本书，你会大骂：美国人真恶劣！美国真腐败！美国议员们真下流！

美国的储蓄银行（savings banks，更准确地说，叫savings and loans associations）是一种吸收储蓄、专门发放住房贷款的银行。百年来，它们的监管制度和业务范围发生了很多变化。今天，它们跟商业银行已经没有太大的区别。它们就是小银行、地区银行。

在监管上，美国的金融机构多如牛毛，光是叫银行的就有六千多家（曾经有一万多家）。监管机构也很复杂：联邦的、州政府的。有多个发牌机关、多种存款保险制度。虽然美国不像中国每级政府有

5套班子，和几十个（甚至上百个）部委局办厅院小组协会，但是议员、局、办和游说机构也十分错综复杂。

从存款总额来看，美国的储蓄银行业在鼎盛时，曾经相当于商业银行的三分之二。现在当然灰溜溜了。长期以来，它们跟议员们相互利用：它们声称自己代表社区利益，为“美国梦”做贡献（即为人们买房子提供按揭贷款）。反过来，议员们利用它们拉选票，捞私利，当然也为它们争取特权。至于“国家利益”，那只是说说而已。如果某个储蓄银行出了丑闻，监管机构想处理，有人马上会站出来护航：千万不要吓坏了存款大众，不要影响到美国人民的“住房梦”，不要影响到整个行业。于是，监管当局投鼠忌器，并且变成了帮凶。

“政府乖乖地掏钱补贴吧！”如果储蓄银行因为大额亏损而出现了净资产不足的情况（甚至负资产），那政府就被迫降低最低资本充足率的要求（比如，把净资产/存款的最低比例从3%降到1%）。不够？再修改会计规则，允许储蓄银行延期实现亏损（分摊到几年以后）。还不够？允许储蓄银行对持有的物业重新进行估值，计算“非现金”利润。或者，让储蓄银行开展其他业务（股权投资、基金和商业贷款），等等。

此书讲了大量利益输送和权色交易的故事。20世纪70年代中期开始，美国的储蓄银行业（有时数千家，甚至几万家）开始遇到了巨大的挑战：由于通胀，利率不断上扬，在1981年时年化利率甚至高达22%。而储蓄银行的商业模式实在有缺陷：存款基本上是短期的，但是资产都是长期的。80年代前，它们吸收存款的年利率为3%左右，放款利率为6%左右。爽！可是，当市场利率不断攀升时，它们的存款都跑去了货币市场共同基金（money market mutual funds）。它们被迫提高存款利率。可是这样做又受到Q条例（即利率上限）的限制。而且，储蓄银行以前发放的长期按揭贷款（长达30年）因为市场利率上升而不断贬值，因为这些贷款就像定息金融产品一样。储蓄银行业开始大亏其钱。

亏钱是小事。流动性枯竭是大事。储蓄银行因为不允许提供支票业务，不能提供企业贷款，没有存款保险，故而无法跟商业银行竞争。但是，天下无难事，只怕有心人。储蓄银行业（和行业协会）动用了黑道白道和美色，修改立法，排除障碍，争取到政府的大量补贴，十分成功。

整个故事与Q条例于1986年的被迫取缔、存款保险制度的变化、通胀的肆虐、垃圾债券、“两房”，以及混业经营的讨论交织在一起，是一本很好的历史书。

读此书，我在想，不管社会主义，还是资本主义，只要政府扶持某个行业，政府（纳税人）就容易被绑架。

这本书出版于1993年。它详尽，而且刀刀见血。它点名道姓。它准确地讲哪个官员从哪个储蓄银行通过什么途径，拿到了什么礼物，或者获取了多少便宜贷款，免费住了什么酒店，跟哪个妓女玩耍，花费了多少“出国考察费”，等等。

80年代储蓄银行的危机让美国人亏损了上万亿。但是，美国人没有汲取教训。他们继续做着“美国梦”（住房梦），一直到2008年更大的危机：次贷危机。

80年代以前，储蓄银行业并没有存款保险制度。后来它通过游说，复制了商业银行的存款保险制度。结果，很多人设立（或者收购）储蓄银行，然后把储蓄银行掏空、榨干，然后申请破产，或者丢给政府接管。

区块链？狼来了，狼来了！

《区块链：分布式商业与智数未来》

作者：肖风

我花了两天时间读完了肖风的这本新书。学术性很强，读起来不易，不过他讲得非常清楚。他把区块链与货币政策、供应链金融、支付、物联网、公共事务的管理等联系起来，谈各种因素的互相推动。

我最喜欢的两个内容：

（1）这些年支付行业的变化（断直连等）。

（2）区块链和加密货币对货币政策的影响。

我对此书的几点批评：

中国人民银行的数字货币/电子支付（DC/EP）虽然会影响货币政策，但是在短期、中期的影响都会被另外的很多因素所淹没、抵消。作者只讲了方向上的影响，但是，由于货币流通速度的变化，而且很多因素都在同时影响经济，因此未来五到十年内，央行基本上可以忽视DC/EP的影响。其实，近十年，各国中央银行都发现，传统的经验已经不实用了。比如，各国货币和信贷的增加速度都很快。可是，通胀一直不出现。通胀与就业、汇率之间的老关系也失灵了。毕竟中短期来看，数字货币在整个货币流通量中的比例必然是一个可以忽略不计的东西。

这本书另一个小缺点：作者没有演示区块链的实际应用。他在理论上、宏观上的探索比较多。当然，这也反映了全球区块链行业的一个窘迫：很多人很兴奋，都在做科研。但是，目前还拿不出像样的产品，或者成功的例子来。最成功的就是各种加密货币。可是加密货币在实际支付方面几乎还没有用上。这绝非因为政府限制。谁知道呢，加密货币也许永远无法成为支付工具，永远都只是一个投机的工具、对冲通胀的工具、技术极客的玩具而已。黄金的地位会受到持续伤害。

这本书是2020年出版的，作者没有谈到这一两年来，全球数字货币和区块链的巨大变化，那就是，从意识形态上、从哲学上、从理念上，大家都在轰轰烈烈地开倒车。主流机构都在忙于申请交易所、资产管理、做市、发币的牌照！而且，它们都在为了合规而乞求四大审计师事务所对它们进行审计，忙于建立合规队伍，搞KYC（了解你的客户）和反洗钱。

人工智能的经济学

AI Economy: Work, Wealth and Welfare in the Robot Age

中文版书名：《AI经济：机器人时代的工作、财富和社会福利》

作者：罗杰·布特尔（Roger Bootle）

我面前摆着两本人工智能的书。第一是这本书。英文版是2019年出版的。第二本书是基辛格和另外两个人最近出版的。我刚读了第一本。它非常详尽地分析了人工智能对于经济增长、收入分配、就业、养老以及国与国之间竞争的影响。主要的观点是：

第一，人工智能的革命与英国工业革命没有太大的区别。它一定是一个渐进的过程。它的影响是深远的，但绝对不是剧烈的。

第二，世界上绝大多数的工作都不可能被人工智能所替代。而且它在替代少量简单的工作时，人工智能又创造了大量的就业机会，甚至行业。

第三，我们必须把机器人和人工智能当成资本开支。它是生产要素的一部分。在这个生产要素突然增加的时候，另外的生产要素（也就是劳动力）的回报率就会得到提高。所以机器人和人工智能的发展对于劳动力是一件好事儿。

如何对待人工智能？现在危言耸听的热情支持者非常多。但是他们会慢慢失望和降温的。人工智能的发展必然会对资产价格、利率以及不同行业之间的回报率有所影响。但是，究竟是什么样的影响？作者说，现在还看不清楚。因此，政府从税收以及监管的角度，最明智的办法是静观。什么也不做。当然，官员们都有一个倾向。那就是拿着锤子的时候，看到所有的东西都是钉子。

人工智能其实已经有了好几十年的历史。它已经在产生细微的影响。文史哲的教育会不会随着人工智能而过时呢？作者认为不会。

目前看来，美国和中国将是人工智能的大赢家。美国的得益主要来源于科技创新的宽松环境。中国的得益将来自更多的数据以及人们对隐私的更加宽容的态度。政府在这方面所能做的事情是尽量少干预，因为各种变量的影响究竟怎么样，还不清楚。

音乐平台的经济学

Tarzan Economics: Eight Principles for Pivoting Through Disruption

中文版书名：《泰山经济学：从Spotify看善用破坏性创新转型的八大原则》

作者：威尔 · 佩奇（Will Page）

多少年来，多少代，音乐界的日子都是肥美的。卖碟、租碟。你只喜欢碟中的一首歌，可是你必须买整张碟。

20世纪90年代，盗版网站兴起，音乐界打官司，死撑了十年，终于江河日下，于是顺势而为。直播模式一发不可收拾。年费9美元成了最低消费，免费给收音机、火车站、飞机场和星巴克播放不再是自残，而是聪明的营销。

作者威尔·佩奇本来在苏格兰政府当经济师，可是并不安分，他对音乐界如何冲出沼泽地有些好奇和见解。他削尖脑袋，加入了音乐协会，然后跳到Spotify当首席经济学家。其实这是他为自己创造的一个职位。不过，作为传统经济学的叛逆者，他确有独到见解。

他可不是那种跑研讨会的“上上下下的经济学家”。他对GDP、货币供应量全无兴趣，喜欢研究如何多卖音乐、增加每月活跃用户人数、客户转化、为什么新产品的发布必须放在星期一上午等。

传统观念认为，互联网公司先烧钱，达到垄断以后，就会加价，伤害消费者权益。他不赞同。亚马逊、Facebook、谷歌在世界上已经是垄断，但是它们会增加收费吗？永远不会，政府和消费者也不允许它们，而且它们已经赚得太多，也没有必要。这归根于经济学的两个概念，一是边际成本为零，二是网络效应。

规模就是一切。如果你不能把市场和自己的业务量做大，毛利率、净利润都是短暂的。科技公司只有做大了，才有资金和兴趣大搞科研，这是消费者福利的最高表现。

夜总会为什么不收女士的钱？因为只有女士多了，男士才愿意来，才会付钱；Adobe为什么在我们使用PDF阅读文档时不收费？可是如果你的企业想用这个软件来计算、创作，它就要收钱了，所以它收的是单边的钱，为什么它放弃以前的双边收费呢？电话公司为什么愿意收月费或者年费，而放弃以前的双向收费？

餐馆为什么不只供应最受欢迎的十道菜，为什么要准备几十道菜，明知有些菜会亏钱？因为有网络效应，消费者放弃个人私隐所获得的好处大于私隐丧失所带来的痛苦，方便就是一切。

英国有个政客一直质疑英国为什么只有一个反竞争委员会，为什么两家不行呢，它们之间也应该竞争啊！中国为什么没有两个发改委？香港弹丸之地，有四家移动网络运营商，可是升降机里面没有信号，它们赚不到足够的钱，都没有安全感，谁也不愿意投资。垄断才能让运营商有兴趣搞基建、搞科研，这才是消费者的福利。

报界一直在抗拒大趋势，好记者跳来跳去，可是报社为什么不合作呢？银行的生意不好，难道不应该搞一个公会，在IT、后台、反洗钱等方面合作吗？

在互联网行业，描述税收与税率之间关系的拉弗曲线（laffer curve）特别明显。政府如果要增加总税收收入，就必须降低税率，减少逃税动机、刺激经济、扩大税基。

最有意思的是作者讲合作社（即垄断）的重要性。从莱茵河上端（波恩）到下游宾根只有90英里。13世纪，河岸有60多个收费站——土豪劣绅设立的收费站。莱茵河上的运输完全停摆了，因为船运公司不堪重负。

这让我想起内地各行各业的审批、牌照和年检制度，这都是对消费者福利和效率的影响。

林立的报社、独立的商场、万千大学都是革命的对象。Spotify削弱了歌星的地位吗？

普惠金融不惠及普罗大众

The Rise and Fall of Global Microcredit: Development, Debt and Disillusion

直译书名：《全球小额信贷的兴衰：发展、债务与幻灭》

作者：米尔福德·贝特曼（Milford Bateman），斯蒂芬妮·布兰肯伯格（Stephanie Blankenburg），理查德·科祖尔-莱特（Richard Kozul-Wright）

普惠金融是指普罗大众有平等机会获得可持续的金融服务。过去四十多年，全球普惠金融经历了三个阶段。第一阶段，起初十年，是政府补贴式的小额贷款（microcredit）。第二阶段，从20世纪90年代开始，民主派人士认为补贴就是不相信市场，证明大家不相信他们的理念，于是，从美国、英国到其他欧美国家的援助机构和商业机构开始要求真正按照商业化的原则运转。第三个阶段，就是最近十年。到处都是质疑的声音。普惠机构成群地关门。借款人在贫困陷阱中越陷越深。于是，大家开始了迷茫、困惑和气愤；呼吁改革的声音此起彼伏。

普惠金融的借款人都是低收入人群，他们的消费平时也一直遇到困难，所以他们的企业运营资金和用来消费的钱只不过是左口袋和右口袋而已，甚至装在同一个口袋，根本分不清楚。

如果他们把钱用来消费，那么还款来源经常成为问题。如果他们把钱用在小微企业的运转上，而失败的概率又是很高的。在很多小额贷款盛行的地方，小微企业之间还出现空前的竞争加剧。由于风险高、单笔金额小，因此普惠金融的利率必须很高、必然很高，在百分之四五十以上是很正常的。而这么高的利率，借款人不堪重负，特别是长期如此。在中国出现的多头借贷，即借款人在两家或以上平台申请贷款，以及借新还旧的问题，在所有国家，都一直在上演。

这是一本务实的书。除了对世界范围内的普惠金融行业做些探讨之外，它也就秘鲁、巴西、墨西哥、印度、柬埔寨、摩洛哥和哥伦比亚等国的小额贷款、普惠金融行业做了比较详细的分析。结论相当一致，就是普惠金融要么完全无效果，要么帮倒忙。

这本书的作者都是政府外援机构的工作人员和大学教授。有些理论探讨读起来很困难。但是读者可以挑重点，读些实务的内容。

这本书最有趣的观点是，好几个作者谈到，大量提供小额贷款或者普惠金融，在很大程度上把劳动力固化在了个体户。这样，社会效率低下，而且与中小企业形成了激烈的竞争（产品竞争及融资竞争）。

从社会角度来看，这种规模不经济以及反工业化的问题非常严重。他们用了三个词，叫de-industrialise、informalise和primitivise，即普惠金融导致了：（1）工业化的倒退，（2）企业单干化，（3）原始化。

小微企业的贫困陷阱

Under-Rewarded Efforts: The Elusive Quest for Prosperity in Mexico

直译书名：《低回报的努力：墨西哥难以捉摸的繁荣之路》

作者：桑提亚哥·莱维（Santiago Levy）

没有一个官员或者政客敢说这样的话，可是这本书的作者既是哈佛大学的学者，也当过墨西哥的部长。他通过严谨的分析，回答两个问题。第一，过去20多年，为什么墨西哥的人均GDP增长率低于1%（虽然宏观和国际环境相当有利）；第二，为什么小微企业在经济中的比重不断上升，而不是下降呢？

他通过墨西哥官方统计数字把企业分成大企业（50人以上）、中型企业（11至50人）和小企业（雇员在10人以下）。这还不算几百万个无固定营业场所的自雇人士。

墨西哥各级政府都有小微企业以及自雇人士的优惠政策，特别是在税收、信贷、保险金及养老金等方面。于是就出现了很奇怪的现象，人们宁可设立三个小微企业也不肯开办一个中型企业。

作者发现，同类企业的劳动生产率差别非常大，比别的国家要大多了。可是效率低下的企业照样能够长期苟延残喘，浪费土地、劳动力、资金。

作者还发现，太多人读了很多学位，但是他们的工作跟高学历完全不相配，而他们的教育成本和所受的痛苦也没有得到回报，读很多学位，从个人的角度来讲，也许是理性的，但是从社会的角度，是不理性的。

任何发展中国家信贷资源都是短缺的，政府的很多政策不仅无法帮助小微企业，而且通过信贷把小微企业牢牢地拴在了一个个贫困的陷阱里面；而大中型企业又得不到应该得到的信贷、劳动力以及土地资源。

小微企业满足了很大一部分市场需求，也就把大企业的客户抢走了，这其实就是保护了落后，在保险金、税收等方面，大企业不堪重负。

这本书用了很多统计学和数学的方法，语言也很拗口。我建议我们的学术界和有关政府部门研究一下这本书；不要急于批判人家，否定人家。

我们所做的事情，究竟是在提拔小微企业，还是为小微企业续命？

Part 4

第四部分

关于生活

如何提高生活的质量

The Art of the Good Life

直译书名：《美好生活的艺术》

作者：罗尔夫 · 多贝里（Rolf Dobelli）

现代人焦虑太多，这也许是古人传下来的。古人担心洪水、猛兽、饥饿。可是多数的焦虑现在都没有必要了。我们却还在担心，而且增添了更多的担心。作者建议我们做三件事。

第一，弄一个笔记本。每天花几分钟时间把焦虑写下来。花几分钟时间，想想这几个焦虑。然后在这一天剩余的时间就不用操心了。

第二，能够买保险解决的事情就买一个保险。保险的好处是它让你多一份平静和安心。

第三，找点正事儿做。失业的人或者空闲的人、退休的人最容易焦虑，因为手上时间太多。当你有一个很有趣的事情、有意义的事情在做的时候，你专心致志就可以分散注意力。

书中还说，尽量选择跟你所喜欢和尊重的人打交道，不然很耗精力，也让你不愉快。尽量不做管理者。想改变别人是根本不可能的，所以尽量避免苦口婆心做思想工作之类的事情。如果你是管理者的话，招人，别看他的水平，主要看他的工作态度。态度好，技术可以学。这就是美国西南航空公司的一个指导原则：雇用态度好的人，培养他们的能力。

书中还说，不要奢谈理想。有一个美国作家很有天份，写了一本非常好的小说，他自己认为是这个世纪最好的。结果没有一个出版社愿意出版。他选择了自杀。后来他母亲碰巧联系到了一个出版社给他出版了，确实成了畅销书。可是当你自视过高的时候，理想太高远的时候，那就只有悲剧。很多艺术家认为自己是天之骄子：上天叫他弹吉他，或者绘画。结果都被残酷的现实打得稀里哗啦。

书中讲了很多关于人们如何折腾自己的例子。比如在郊区的别墅、风景区的度假屋，或者名车。最后，你成了它们的奴隶，而不是它们改善了你的生活。书中讲，收入达到一定程度之后，钱的边际效用会递减。这个我们常人好像难以接受。不过他说，巴菲特也要自己刷牙的。

作者认为，购买物品带来的效用远不如体验带来的效用/满足感大。人生拥有各种资产远不如体验重要。一到假期，人们总是想去风景名胜。可是这个穷折腾远不如静下心来享受或者体验一个什么东西。住在夏威夷的人一定比住在莫斯科的人开心吗？住在普吉岛的人一定比住在纽约的人开心吗？

每个人都必须学会说NO。张三、李四、王五，叫你做这个、做那个，你不假思索就答应了。结果你发现，你穷于应付。说NO是实力的象征，也是心理平衡之所需。

人们容易把自己的成功归结于自己的天才或者勤奋，可事实上是无数个运气的连接。如果你出生在另外一个国家，你还会有这个前途吗?

世界太复杂。我们不知道的东西太多，因此我们不需要对绝大多数事情表示意见和观点。相当于在家里放一个大桶，标上“太难”或者“没兴趣”，把几乎所有的东西都装进那个大桶。精心选择自己想知道、想理解的行业和内容。该不该开征房地产税？海岸线上需不需要多设一些灯塔？信贷总额的增加是否太快？这些也许都是属于我们不需要知道，也不需要评论的内容。

作者似乎有点佛系，或者像斯多葛学派。他说，除了我们的精神世界、我们的知识及能力以外，其他都是身外之物。你要平静地接受它，也就是认命，而且你拥有的一切都是可以消失的，都是脆弱的、短暂的。

西方人的心灵鸡汤：斯多葛

The Daily Stoic: 366 Meditations on Wisdom, Perseverance, and the Art of Living

中文版书名：《每日斯多葛：366次对智慧、毅力和生活艺术的沉思》

作者：莱恩·霍利得（Ryan Holiday），史提芬·汉赛蒙（Stephen Hanselman）

Philosophy for Life and Other Dangerous Situations: Ancient Philosophy for Modern Problems

中文版书名：《遇见苏格拉底，我的人生睡醒了》

作者：朱尔斯·埃文斯（Jules Evans）

西方哲学学派林立，但是有些重叠，并与东方的学派有交集。公元前三世纪早期，希腊人芝诺（Zeno）创造了一派，叫Stoicism，斯多葛主义。这是目前西方国家最时髦的流派。从硅谷的创业人士，到明星运动员、政治领袖和学界翘楚，很多都标榜自己信奉斯多葛。

我花了一些时间研究它，觉得有点意思，虽然你可能说它只不过是洋人的心灵鸡汤。

依我的愚见，它的核心是管理自己的心态，而不是管理周围的人、事、物。它至少涉及三个相关联的内容：

一是自我控制。斯多葛学派的哲学家之一，塞涅卡（Seneca）反复强调：你的悲、喜、贪和社交都是毫无意义的，愚蠢的。我们周围的人、事、物，我们的名声、财富、地位等等，我们都无法控制，但是我们对这些东西的看法是我们能控制的，这也是我们能控制的唯一的东西。如果你长期实践，打坐，冥想，你应该能够消灭所有的情绪（特别是喜怒哀乐、焦虑、畏惧和贪婪），只留下平静。比如，用平常心对待监禁。难道监禁甚至致残就一定是坏事吗？斯多葛人士强调祸福相依，皇帝与囚徒的地位可以互换。

有个英国女兵深受斯多葛主义的影响，几年前她在阿富汗被俘。

她说她在被强暴时的感受不是愤怒和羞辱，而是平静，因为被强暴是她无法控制的事情；有个自称斯多葛信徒的美国军官在出狱后对记者说，在监狱中，乐观的人最先崩溃，因为他们对于何时出狱，老是抱着过高的期望："三个月内，美国政府的斡旋一定会把我解救出来。"三个月过去了。九个月过去了。三年也过去了。乐观派终于疯掉了。这个斯多葛主义的军官说，不带任何期望不等于悲观。悲观也是一种期望。

斯多葛学派的延伸是"认知行为治疗"（Cognitive Behavioral Therapy），简称CBT，强调心理暗示。美英对驻阿富汗的军人进行过CBT训练，教育军人在妻小来电话或者电邮抱怨家里的柴米油盐时，如何专心训练，排除杂念，忘掉自己无能为力的事情。

二是认命，你的内心世界也就成了你的城堡。斯多葛学派强调“无欲则刚”——“没有希望，因此也不会失望”。你的家庭背景和其他一切都是你无法控制的，主动认命是妙计。

三是把斯多葛哲学运用到日常生活中去。你不会把钱财随意给别人，可是为什么让别人随意侵占你的时间？你能说“不”吗？说“不”是一个有自制力的表现，也是一个已经上了岸的人的表现。

你真的需要读那么多书，看那么多新闻，知道那么多内幕吗？完全不用。斯多葛学派的哲学家之一爱比克泰德（Epictetus）说，不懂没关系。本书的作者解说为：“我不知道，我也不在乎！”

不要羡慕那些名人或者显贵，他们放弃了生命才到达那里，而且可能经历了难以想象的羞辱和险峻。

不管是富是贫，是贵是贱，我们的生命都是十分渺小和短暂的。大家死后都归土。

这两本书内容浩瀚，值得反复阅读。凭我的理解，斯多葛学派是一个不断演变的哲学。它倡导简朴的生活，为人处事以简单为上，在悲、痛和失败面前处之淡然。埃文斯在书中讲了一个故事。20世纪60年代，心理学家沃尔特·米歇尔（Walter Mischel）做了一系列实验：把一组小孩放在一个房间，面前摆着棉花糖。老师说，你们每人都有一个选择：可以立刻吃一颗糖，或者等15分钟以后吃两颗糖。那些忍得住的小孩长大后在事业上的成功更加明显，还有人沿着这条思路对成人的肥瘦与事业的成败进行了因果分析。现在，西方时髦的一个训练课程是让小孩和成人“戒急用忍”，避免“我要，我要，我马上要！”。

我们的99个认知错误

The Art of Thinking Clearly

中文版书名:《清醒思考的艺术》

作者: 罗尔夫 · 多贝里 (Rolf Dobelli)

这本书由德文译成英文，一共99章。每章一个话题，几个小故事，三页纸。经常让人大笑。文字简练，也是一本学英文的好教材。

几个要点：

1. 到处是成功人士，这只是因为失败的人们不吭声而已。哎！别以为你天天游泳或者去健身房，就可以有小王那样的身材。别以为你创业，就一定成功。失败是常态，成功是偶然。

2. 名校帮不了你。那些课程没什么用，还是要靠自己。真正的能人不需要上名校。

3. 信息太多，反而让人做出错误的判断。

4. 电影非常糟糕。但是因为你花了钱买票，并且坐下来了，所以你一直熬到看完，浪费更多时间。你买的股票大跌之后，你一直死捏着不放。未来三年又跌了更多。

5. 大家都说某个产品时髦，于是你也就买了它，还煞有介事地赞美它。

6. 有人请你和夫人到他家吃饭，你们又回请。他又请你们。索然无趣。建立了友谊吗？

7. 喇叭播着说，“由于维修的原因，航班延误，请予谅解”。航空公司胡乱找个原因，或者找个根本就不是原因的原因，大家就接受了。

8. 某公司很成功。大家都赞美CEO管理有方。他自己也认为自己很厉害。他换个地方，终于把名声丧尽。再试，更糟。运气跟能力不是一回事。

9. 地产经纪说，湖边的联排别墅只剩下一套了。于是，你奋不顾身……

性格内向，也有一碗饭吃

Quiet: The Power of Introverts in a World That Can't Stop Talking

中文版书名：《内向性格的竞争力》

作者：苏珊 · 凯恩（Susan Cain）

2005年秋天，金威啤酒在汕头的工厂开业，它的母公司粤海集团的董事长让我陪他一起去看看。我以前从来没有去过汕头，而且我喜欢喝啤酒，所以就去了。去了以后，我才发现这是一个巨型活动。参观工厂之后，还有几百人参加的一个大会：领导讲话，来宾送花，宣读贺辞之类的。我是一个既害怕又不喜欢这种场合的人，所以我就准备溜之大吉。

且慢！喇叭里突然传来，“主席台上就座的有某某副省长、某某书记、市长……”喇叭里接着喊，“主席台上就座的，还有瑞士银行董事总经理张化桥”。我想这下可糟糕了，我已经溜到200多米以外的地方去了，我本想一个人到市里逛逛。这个时候，即使我有姚明的速度，冲到主席台，也是来不及的。喇叭里又重复了三遍我的名字，我已经瘫在地上了。

后来财务总监到处找我。我胡编了一通故事，可我还得加入他们吃午饭，喝啤酒，并坐他们的车回深圳，可是我觉得非常狼狈，自卑感一直袭击着我。

类似的事情在我身上出现过好几次。每次遇到这种事情，我就问自己，为什么我不能落落大方呢？为什么我不能往前站呢？其实，我小时候就知道自己有内向、害羞、不合群的缺点。20世纪70年代，我上中学的时候，我妈妈几次告诉我，村子里你的某某同学家今天请客，请大队的队长和支部书记。我们是不是也应该请客呢？可是我既害怕，又真心不愿意，所以从来也就没有请过。绝非不敬！

在瑞士银行做分析师的那些年，我当然知道分析师就是财经演员，就是要讲故事，就是要出风头，要高调，不断地见基金经理、拉票等等。坦白讲，我是很不愿意的。报告写好了，让他们自己看，不就行了吗？可是，这是一个需要自我销售的行业，所以我经常委屈自己去做。我的竞争者们一年要去美国、欧洲路演三四趟，可我就去一两趟，而且还扭扭捏捏。

我读的这本英文书，讲了许多这样的故事。如果我20年、30年以前就读了这样的书，那该省掉多少难过啊！

此书安慰我们：性格内向、不善言辞的人不用自卑，这个世界也有一碗饭给我们吃。美国人总的来讲，比亚洲人更会、更愿意夸夸其谈，但即使在美国，也有大量的内向、腼腆、害羞的人，比例高达1/3到一半！

这本书有点学术研究的性质。她采访了很多心理学家和医学家，对过去几十年这个行业的研究成果做了大量的介绍，但同时作者本人也是一个内向的人。她做了7年华尔街的律师，发现自己虽然可以做下去，但是并不喜欢，于是她就改做全职作者。

内向的人被赶鸭子上架的非常多。人的性格是可以装的，可以逼出来的，但这样有一个限度。时间长了，就会有巨大的压力，也不开心。作者发现，甚至电视台的播音员里面也有大量内向、腼腆的人。他还讲了一个有名的大学教授，在万众面前演讲，口若悬河，可是每次演讲一结束，他就要躲到厕所里去，因为他不愿意跟人家聊天，他害怕。他不知道说什么，每次被邀请跟众人一起吃饭，他都找借口逃避。

她说，互联网大大地保护了内向、不愿社交的人们，因为互联网毕竟是一个屏障，让这些人得以发挥。这点我也同意。

我在当分析师的那些年，客户和同事都说我是一个好销售员。我在工作的时候热情洋溢，有用不完的精力。可是，这种性格的人，由于在办公室已经把所有的（外向）精力的配额都用完了，因此回到家里的时候既疲倦，也不耐烦，伤害的就是家里的人，很遗憾，我到现在才知道。书中讲，企业界、学术界很多人都有这个困扰，如果他们不会调整的话，就会闹出家庭矛盾。只要与家人充分沟通，这些问题都不难解决。

此书还讲了老师和企业管理者应该怎样对待学生和同事，家长应该怎样照顾小孩，不给压力。这本书已有中译本。能看懂英文的朋友也可以看看原版：非常易读，故事性强。

控制自言自语，战胜心中的“魔鬼”

Chatter: The Voice in Our Head, Why It Matters, and How to Harness It

中文版书名：《强大内心的自我对话》

作者：伊桑·克罗斯（Ethan Kross）

每个人都会花大量的时间跟心中的“魔鬼”对话：上星期三，你在单位里出了大洋相，董事长竟然当着几十人的面骂你无能！一个IPO的肥肉被另一个投资银行抢过去了；等等。我们因此不开心、焦虑。

本书的作者是密歇根大学心理学教授。书的核心内容是如何控制与“魔鬼”的对话，减少在自己的伤口上挠来挠去。如果你沉浸在屈辱、不安之中，在客厅里踱步三五个小时，可能会变得难以自拔。

某日，作者收到一封匿名信。写信的人威胁要杀死他。这让作者多日寝食不安。在报警之后，他一直在想，是否应该请一个保镖。他还反复思考，写信的人究竟是谁、哪里的人、出于什么动机。如果在半夜，他从后院爬进房子，我该怎么办？如果从前院进来，又该怎么办？如果在下班回家的路上，坏人行凶，又怎么办？他不断推演，变得十分压抑。

作者和其他研究人员做了很多实验。他们建议人们尽量找到分散注意力的东西。比如，去看个电影、逛街、爬山，或者做点运动。有人会说，分散注意力只能是短暂的。不过，人生就是无数个短暂连接起来的。如果你能够反复分散自己的注意力，那不是挺好吗？

作者和另外的研究人员还对“9·11”恐怖事件、弗吉尼亚理工大学以及北伊利诺伊大学的枪击事件以后，学生、家长和教职工的行为进行了研究。他们发现，倾诉自己的恐惧、与亲友倾诉自己的悲伤，对人们从悲伤中爬出来，不仅没有帮助，反而有害处。

人都有一个共性：遇到悲哀或者不顺心的事情时，总希望找到亲友（甚至陌生人）去倾诉。有一个心理学派在治疗病人时会诱导病人，回忆那些受欺凌与受侮辱的片段，去挖掘越来越多的细节。所谓的“倒出来”，倒出自己的悲惨经历。这种咨询有时候长达几小时，甚至几天，让病人在痛苦中越陷越深。作者对这种疗法深表怀疑。

作者说，人们可以在甜蜜的回忆里多待一会儿，但是痛苦的回忆要尽量避免。要真正做到这一点，需要一些技巧。比如，特朗普的狂热支持者们要站在西非渔民的角度来看待特朗普当年败选的事情：没有什么了不起。

当你因为某个“不可估量的损失”而悲痛欲绝时，那就想想十年后的你会怎样看待这件事。

作者还就拥抱、触摸、旧时的美照、惊人的瀑布、绿化、艳丽的落日、参天大树等情景对情绪的影响做了分析。

幸福不易，开心不难

The Happiness Project

中文版书名：《幸福哲学书》

作者：格雷琴 · 鲁宾（Gretchen Rubin）

如果你在香港或者欧美逛书店，你会为关于如何开心或者幸福的书太多而吃惊。起初，我没在意。后来，经多个同事推荐，我买了两本这样的英文书，一本书是*The Happiness Project*（中文版书名：《幸福哲学书》），另一本叫*Hardwiring Happiness*（中文版书名：《大脑幸福密码》），作者是里克·汉森（Rick Hanson），一位心理医生。

这个心理医生的书只有一个中心思想，他不惜笔墨反复强调，换几个角度强调：你要挖掘（甚至创造）生活中细小而无处不在的美丽，压制和忘记不愉快的东西。因为负面情绪很容易占上风，所以你需要有意识地躲避它，有计划地扶持正面情绪。每当你发现了一个美丽的东西，一定不要草率地放过它，你要好好地享受它，欣赏它，吸收它。比如，你做了一个不错的PowerPoint、写了一篇有趣的博文、受到了同事的赞美，或者在街上被某个女生回头看了一眼，或者跟保安打了个热情的招呼，或者在路边见到了一朵盛开的玫瑰，等等。

他说，你要有点创意。

《幸福哲学书》的作者本是耶鲁大学毕业的律师和两女之母。某天，她突然想起，应该休假一年专门让自己的小生活更加开心。她每个月专攻一个领域，比如，如何改善夫妻关系、为母之道、为友之道、个人财务管理、休闲、体育及如何理解死亡、增强自制力，以及知足常乐等等。

这本书中有一点给我印象最深。她讲她读过好几本关于病痛和人生折磨的书，有人多年受牢狱之灾，或者癌症的折磨，或者失偶之痛或者政治迫害等。这些人的世界观和坚韧不拔对她很有帮助。

关于坚韧不拔，她读了古希腊的斯多葛学派的很多解说。我因此也重读了作家朱尔斯·埃文斯的书《遇见苏格拉底，我的人生睡醒了》。这本哲学书比较难读，我至少查了50次字典才通读全书，包括人名和地名等，但是我很有收获，它讲述了西方哲学的演变，是一本入门书。我想，中国的大学也许可以把它当成一门选修课。

我读完这三本书之后的一个结论是：人们对幸福的要求太高了。但是开心是可以通过努力和修行而获得的。如果你天生就是一个开心的人，那你太幸运了。但是，这不等于你具有坚韧不拔的素质。遇到艰难的时候，坚韧不拔的素质就很有用。

Afterword / 后记

这本书收集了我过去几年所读的书中最好的63本。怎样持之以恒读书？绝对不能靠毅力，因为那不可持续；必须有技巧。也就是必须选有趣的书、有用的书。而且，要给自己一个任务，那就是，每读完一本书，就要回过头来问自己：我学到什么了？最让我享受的是什么？必须把它写下来，与别人分享。这是额外的乐趣。这也是压力，逼着自己在读书的时候讲究效率、讲究目的。